조달학개론

김유일

조달업무 입문서

조달학 개론

김유일 지음

도서
출판 **범한**

나는 調達人이다.

아무것도 몰랐습니다. 처음으로 해보는 예정가격작성 업무. 입찰은 다가오고, 무엇부터 시작해야 할지 앞이 캄캄했습니다. 복도 끝으로 가 줄담배만 피워댔습니다.

그렇다고 문제가 해결되지는 않았습니다. 정신을 차려야 했습니다. 전임자를 찾아갔습니다. 그 선배 입에서는 거침없는 조언이 쏟아져 나왔습니다. 그러나 하나도 알아들을 수가 없었습니다.

그랬던 제가 어느덧 세월이 흘러 여러분의 입장을 생각합니다. 조달업무에 대한 궁금증을 조금이라도 쉽게 이해할 수 있도록 도와드리고 싶었습니다.

처음 시작은 당연히 어렵습니다. 어려운 게 당연합니다. 저도 그랬으니까요.

이 책을 통해서 조달청이 하는 계약업무를 이해하는데 도움이 되기를 바랍니다. 시작은 어렵고, 재미없고, 더디지만 그냥 쭉 한번 읽어 보십시오. 그런 후 필요한 부분은 몇 번이고 반복해서 읽으세요.

상대와 싸워 이기려면 관련 지식을 알아야 합니다. 모르고 잘못 했다고 한들 용서가 되지 않습니다. 그러므로 알아야 합니다.

이 책이 전부는 아닙니다. 알고자 하는 것의 아주 일부에 지나지 않습니다.

그러나 이 책의 내용을 이해하면 많은 것을 해결할 수 있는 기초체력이 다져질 것이라고 믿어 의심치 않습니다.

여러분도 이제 조달업무 전문가가 될 수 있습니다.

준비되셨나요?

자, 그럼 이제 출발합니다.

Go for it!

contents

프롤로그 나는 調達人이다

1장

아는 만큼 보인다
공공조달에 대한 이해

4장

일에는 순서가 있는 법
일반적인 구매절차

5장

조달업무 첫걸음
입찰참가자격 등록

6장

類類相從
다수공급자계약제도

7장

讀해야 산다
정부조달우수제품 지정제도

8장

백짓장도 맞들면 낫다
우수조달공동상표물품 지정제도

9장

有終之美
품질관리의 이해

10장

하늘은 스스로 돕는 자를 돕는다
각종 지원제도

11장

뿌린 대로 거둔다
잘못하면 이런 불이익도

1장

아는 만큼 보인다
공공조달에 대한 이해

시작이 반이다

먼저, 본격적인 글을 쓰기에 앞서 시작을 함께 하게 된 여러분께 감사한 마음을 전합니다.

여기까지 오시느라 수고하셨습니다.

두 손 들어 환영합니다.

이왕 오셨으니 저를 믿고 천천히 따라 오세요.

그냥 따라 오시기만 하면 됩니다.

시작이 반이라는 말이 있습니다.

여기까지 온 여러분은 이미 반은 해 놓은 거나 다름없습니다.

이미 시작했으니까요.

이 책에서는 여러 가지 법령이나 용어가 등장합니다. 그런데 그들의 명칭이 긴 것이 많습니다. 그래서 명칭이 긴 법령 등은 다음과 같이 약칭으로 표현하기로 하겠습니다.

- 「조달사업에 관한 법률(시행령, 시행규칙)」→ 조달사업법(시행령, 시행규칙)
- 「국가(지방자치단체)를 당사자로 하는 계약에 관한 법률(시행령, 시행규칙)」→ 국가(지방)계약법(시행령, 시행규칙)
- 「중소기업제품 구매촉진 및 판로지원에 관한 법률(시행령, 시행규칙)」→ 구촉법(시행령, 시행규칙)
- 국가종합전자조달시스템 → 나라장터
- 조달청 물품구매적격심사 → 적격심사
- 조달청 중소기업자간 경쟁물품에 대한 계약이행능력심사 → 계약이행능력심사
- 정부조달우수제품 → 우수제품
- 다수공급자계약 → MAS계약
- 제3자를 위한 단가계약 → 제3자단가계약
- 물품납품 및 영수증 → 물납영수증

또한 앞으로 나올 내용은 조달청 내자구매 업무를 중심으로 설명하겠습니다. 관련 법령은 기본적으로 국가계약법을 기준하고, 시기적으로는 '19년 1월 현재 시행되고 있는 제도를 중심으로 설명하겠습니다.

조달의 개념

 공공조달을 논하기 전에 먼저 조달調達의 개념부터 알아보겠습니다.

 사람이 살아가는데 있어서는 기본적인 의식주 외에도 해결하여야 할 것들이 한두 가지가 아닙니다. 대가를 지불하든 지불하지 않든 필요로 하는 것은 참으로 많죠. 우리는 스스로 또는 남의 도움을 받아 필요한 것을 조달해서 삶을 영위하고 있습니다. 따라서 조달의 역사는 인류의 역사와 그 궤를 같이 했을 것이 분명합니다.

 군대시절 이야기를 좀 해 보겠습니다. 군대에 가보지 않은 분들이라면 여행이나 출장을 떠올려도 되겠습니다.

 군대에서는 큰 훈련을 앞두고 항상 준비할 것이 많았죠. 공동으로 쓰는 것을 준비할 때는 부대원들끼리 중복해서도 안 되고 빠뜨려서도 안 되었습니다. 군장이 무거워서도 안 되고, 그렇다고 필요한 것을 빠트릴 수도 없었기 때문이죠. 그래서 필요한 것은 목록을 작성해서 여러 사람이 역할을 분담하였습니다. 출발하기 전에 준비해서 가져가는 것도 있었고, 현지에 도착해서 준비하는 것도 있었죠. 현지에서 준비하는 것이 바로 우리가 흔히 쓰는 말인 현지조달인 것 다들 잘 아시죠.

우리는 사회생활을 하면서 현지조달이란 말을 많이 써오고 있습니다. 어느 모임을 가든지 조달업무를 하고 있다고 하면 농담 반 놀림 반으로 부족한 부분의 조달을 책임지게 합니다. 정작 어느 것 하나 조달할 능력이 없는 나는 속상해 죽겠는데 말입니다. 이처럼 일상생활을 하는데 있어서 떼려야 뗄 수 없는 것이 조달입니다.

자, 그럼 정리합니다.

조달이란 무엇을 말할까요?

조달을 이야기하기 전에 비슷하게 이해하고 있는 용어인 구매에 대해 먼저 알아보겠습니다.

일반적으로 구매Purchasing란 용어는 구입Buying의 과정을 의미합니다. 조직에 필요한 물품이나 서비스의 적합한 공급자를 선정해 가격, 납기, 기타 조건들을 협상하고 운송을 확인하는 다소 협의의 용어이죠.

과거에 구매기능은 단순히 물품을 취득하는 것으로 인식되어 별로 중요성을 인정받지 못하였습니다. 그러나 1970년대 중반부터 오일쇼크 및 원자재 부족으로 계획된 생산에 차질을 빚기 시작했습니다. 이에 따라 기업들은 필요한 물품을 필요한 시기에 적정가격으로 구입하는 행위가 경쟁력의 원천이라는 인식이 높아졌습니다. 그래서 구매의 전략적 중요성은 점점 커지게 되었습니다.

조달Procurement은 앞에서 설명한 구매에 저장, 운송, 수납, 검사, 폐품 처리까지 포함하는 다소 광의의 용어입니다.

조달의 사전적 의미를 모를 사람은 없겠지만 굳이 살펴보자면 필요한 곳에 자금이나 물자 따위를 대어 준다는 의미입니다. 예를 들어 '식량은 현지에 가서 조달하자.'나 '그쪽 회사는 지금 자금조달에 애를 먹고 있어.' 등으로 표현할 수 있습니다.

공공조달이 뭐야?

그럼 이제 공공조달에 대해 알아보겠습니다. 조달은 민간부문, 즉 가계나 기업에서도 매일매일 이루어지고 있습니다. 민간부문은 조달의 주체가 사인私人인거 다들 아시죠.

공공조달이란 정부기관 등의 공공기관이 민간부문으로부터 물품이나 서비스 등의 공공재public goods를 조달하는 행위를 의미합니다.

조달의 목적은 조달주체의 사업목적 달성을 위한 경제행위를 하는 과정에서 필요한 제품, 공사, 서비스 등을 적절한 시기에 적절한 방법으로 취득하는데 있습니다. 쉽게 말하면, 나라를 운영하는데 필요한 것을 민간으로부터 조달한다고 이해하면 됩니다. 조달의 주체가 공공기관이 되는 것이죠.

공공조달은 조달의 재원이 국민의 세금으로 충당됩니다. 조달을 집행하는 자는 국민으로부터 그 업무를 위임받은 대리인에 불과합니다. 때문에 민간조달에 비하여 엄격한 법적 제한으로 적법성, 공공성, 투명성과 함께 정책적 고려에 의하여 계약상대자를 선정해야 하는 과정중심의 계약이라는 특성을 갖게 됩니다. 따라서 공공조달은 각종 조달 관련 법령에 의거 경쟁계약 방식으로 함을 원칙으로 합니다. 그런 이유로 적기조달, 염가조달 등에 있어 경직성을 띠게 되는 경우가 자주 발생하곤 합니다.

민간조달과 공공조달은 뭐가 다른가?

앞서 공공조달에 대해 개략적으로 살펴보았습니다.

그럼 공공조달이 민간조달과 어떻게 다른지 비교해 가면서 살펴보겠습니다.

국가경제는 민간부문과 공공부문으로 나뉩니다. 이 두 부문 간에는 같은 점도 있지만 다른 점 또한 많습니다.

먼저 일반 경제론적인 관점에서 다른 점을 두 가지 측면에서 살펴보기로 하겠습니다.

첫째, 경제 운영의 목적이 다릅니다. 가계는 효용극대화에 있고, 기업은 이윤극대화에 있습니다. 이에 반해 공공부문은 사회 전체적인 후생극대화에 있습니다. 이런 이유로 공공부문은 국가경제의 동향을 살펴 민간부문의 경제 질서를 바로잡기 위해 개입하기도 합니다.

둘째, 민간은 수입에 따라 그 범위 안에서 지출이 이루어지지만, 반대로 공공부문은 지출이 수입을 결정합니다. 즉, 민간은 수입보다 적게 지출하는 것이 원칙이지만, 공공부문은 세입과 지출의 수지균형에 원칙을 두고 있습니다.

정리하면 민간부문은 시장경제 원리에 근거하여 효용과 이윤을 중시하고, 잉여의 원칙에 따라 운영됩니다. 반면에, 공공부문은 공공성을 중시하는 까닭에 예산에 근거를 두고 수지균형의 원칙에 따라 운영한다는 차이가 있습니다.

이제 계약 측면에서 민간조달과 공공조달이 어떻게 다른지 살펴보겠습니다. 계약이란 서로 상대가 있어야 성립합니다. 상대를 공급하는 자와 공급받는 자라 하겠습니다. 공급받는 자는 낮은 가격에 사고 싶어 하고, 공급하는 자는 높은 가격에 팔고 싶어 하는 거 다들 아시죠. 그렇습니다. 각자 합리적인 경제 주체로서 상충하는 이해관계를 다양한 절차를 거쳐 서로 합의점에 도달하게 됩니다.

공급받는 자(수요기관) 입장에서는 공급하는 자(조달업체)가 계약상대자가 되는데, 바로 여기에서 누구를 계약상대자로 선정하느냐가 중요하게 됩니다.

민간은 시장경제의 논리대로 계약이행 능력이 있는 자 중에서 특별한 제약을 받지 않고 자유롭게 계약상대자를 선정할 수 있습니다. 비교적 경제적이고 효율적인 조달이 가능함으로써 성과중심의 계약을 체결할 수 있습니다.

공공조달은 일정한 기준과 절차가 규정된 국가계약법 등 관련 법령에 따라 계약상대자를 선정하여야 합니다. 투명하고 공정한 기준과 절차에 따라 선정해야 하는 과정중심의 계약인 것이죠. 또 집행 결과에 대한 사후적 검증이 따르게 됩니다. 여기에 더해 공공기관은 원칙적으로 경쟁계약을 기본으로 하고 있습니다. 이로 인하여 조달의 경제성이나 효율성보다는 적법성과 정부정책 수행을 지원하기 위한 공익기능이 우선시 되는 경우가 많습니다.

공공조달, 과연 매력적인 시장인가?

우리나라의 공공조달시장은 아래 표에서 보듯이 '18년 말 기준으로 141조 원 규모로 국가예산의 33% 수준에 이르는 거대한 시장입니다. 이 것은 또한 GDP의 7.9% 수준입니다.

(단위: 조 원. %)

구 분	'14년	'15년	'16년	'17년	'18년
국가예산[A]	356	375	386	401	429
국내총생산(명목)[B]	1,486	1,564	1,642	1,730	1,782
공공조달시장규모[C]	112	119	117	123	141
조달청발주규모[D]	33.4	35.8	35.1	38.0	38.6
조달청비중[D/C]	30.0	30.1	30.0	30.8	27.3

국가예산은 해당년도의 전년도 말에 국회에서 통과한 예산규모를 기준 으로 하였고, GDP는 한국은행이 경제통계시스템ECOS을 통해 발표한 자 료를 참고하였습니다.

한편, 공공조달시장 규모는 중소벤처기업부가 발표한 '공공기관 구매실적(물품, 용역, 공사)'이고, 조달청 조달규모는 외자, 비축사업, 조달지원사업을 제외한 내자구매와 시설공사 계약의 합입니다.

앞의 표에서 알 수 있는 바와 같이 전체 공공조달시장에서 조달청이 약 30% 수준을 차지하고 있습니다. 올해 예산이 470조 원인 점을 고려하면 전체 공공조달시장은 약 140조 원 정도로 추정되고, 조달청은 그중에서 약 40조 원 이상을 담당할 것으로 보입니다.

따라서 각 기업 입장에서는 공공조달시장이 제품과 서비스를 공급할 수 있는 시장이라는 측면에서 대단히 매력적인 시장임에 틀림없습니다. 국민의 세금으로 구매하는 공공조달시장은 정부의 구매 자금이 일반 기업으로 들어가 기업 경영에 직접적으로 도움이 될 뿐만 아니라 국가경제의 활성화에도 기여하고 있습니다. 공공조달을 어떻게 운영하느냐에 따라 국가경제에 큰 영향을 미치게 되는 것입니다.

그러나 아무리 큰 공공조달시장이라도 각종 제도를 잘 알지 못하면 그림 속의 떡에 불과합니다. 조달청이 공공조달시장의 30% 수준을 담당하고 있는 실정을 고려하면 반드시 조달업무를 알고 잘 이용하여야 할 것입니다.

물품별로 차이가 있겠지만 대금결제나 납품 조건 등의 특성을 잘 살려 자기 회사에 맞는 민수와 관수 비중을 적절히 유지하는 것도 기업경영에 큰 도움이 될 것입니다.

이미 조달업무를 해 본 사람은 다 알고 있는 내용이겠지만 이 책을 통해 좀 더 내공을 쌓기 바랍니다. 새로 시작하는 분들은 지금부터 하나하나 읽어 나가세요. 어느 순간 조달업무에 관한 전문가라는 소리를 듣게 될 것입니다.

공공조달 발주 체계

우리나라의 공공구매 발주체계는 일반기관의 구매는 조달청이 담당하고, 군수물자 구매는 방위사업청이 담당하는 이원적 형태로 운영되고 있습니다.

우선 조달청은 일정규모 이상 또는 전문성이 요구되는 물자의 조달을 담당하고, 이외에는 각 기관이 자율적으로 구매하도록 하고 있습니다. 제도적으로 조달청에 요청해야 하는 사업과 직접 구매할 수 있는 사업의 범위가 정해져 있습니다.

물품·용역의 경우 국가기관은 추정가격 1억 원 이상의 총액과 제3자단가계약·MAS계약·단가계약이 체결된 수요물자는 금액에 관계없이 모두 조달청에 구매위탁 하여야 합니다.

교육기관을 포함한 지방자치단체는 제3자단가계약·MAS계약·단가계약이 체결된 수요물자 외에는 2008년부터 완전 자율화 되었습니다.

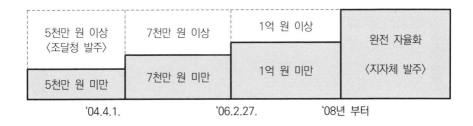

5천만 원 이상 〈조달청 발주〉	7천만 원 이상	1억 원 이상	완전 자율화 〈지자체 발주〉
5천만 원 미만	7천만 원 미만	1억 원 미만	
'04.4.1.		'06.2.27.	'08년 부터

조달청이 담당해야 할 대상이라도 지방자치단체의 장이 직접 구매할 수 있는 경우도 있습니다. 관할지역 소재업체로부터 직접 물품을 구매하는 것이 가격·품질 면에서 유리하다고 판단하는 경우나 용역 및 물자를 긴급히 또는 비밀리에 구매해야 할 경우입니다.

실제로는 각 기관들은 조달청을 이용하는 것이 편리하기 때문에 자체 구매할 수 있는 부분에 대하여도 임의로 조달청을 이용하는 경우가 많습니다.

공기업·준정부기관은 중소기업자간 경쟁제품을 고시금액 이상 구매하는 경우 총액계약으로 조달청장에게 구매위탁하거나 단가계약(MAS 포함)으로 체결한 물품의 경우 납품요구 요청하여야 합니다.

한편, 군수물자 구매의 경우에는 전투기, 함정, 총포류 등 국방부에서만 사용하는 물자는 방위사업청에서 담당하고 있습니다. 자동차, 피복 등 일반상용물품의 경우에는 조달청과의 협약에 의하여 1999년부터 조달청이 담당하고 있는데, 지금은 연간 8000억 원이 넘는 군 상용물자를 조달하고 있습니다.

조달청, 참 여러 가지 多한다.

기업도 영위하는 사업범위를 정관에 마련해 두어야 합니다.

조달청도 마찬가지로 하는 사업범위를 조달사업법, 같은 법 시행령 및 같은 법 시행규칙에 규정해 놓고 있습니다.

조달사업법 제3조에 규정된 조달사업의 범위를 살펴보면,

첫째는, 조달물자의 구매, 물류관리, 공급 및 그에 따른 사업

둘째는, 수요기관의 시설공사 계약 및 그에 따른 사업

셋째는, 수요기관의 시설물 관리, 운영 및 그에 따른 사업

넷째는, 위 세 가지 내용의 사업으로서 다른 법령에서 조달청장이 할 수 있거나 하도록 규정한 사업입니다.

조달사업법에서는 이외에도 기업의 사회적 책임을 장려하기 위하여 조달절차에서 환경, 인권, 노동, 고용, 공정거래, 소비자 보호 등 사회적·환경적 가치를 반영할 수 있다고 되어 있습니다. 그리고 조달청, 수요기관 및 민간업체의 조달업무나 납품업무 종사자의 전문성과 자질 향상을 위한 조달교육을 할 수 있습니다.

또한, 조달물자의 품질향상을 위하여 제조업체의 직접생산 여부 확인을 위한 생산시설의 점검, 계약규격에 맞는 제품생산 및 납품확인을 위한 품

질점검·납품검사, 납품 물품의 사후관리 등을 할 수 있습니다.

한편, 공공조달의 현황을 파악하고 효과적인 조달정책을 수립·시행하기 위하여 국가기관, 지방자치단체 및 국공립 교육기관, 공공기관, 지방공기업, 지방의료원, 지방자치단체 출연 연구원 등의 장이 체결한 계약에 관한 통계를 작성하여야 합니다.

조달시장의 공정한 경쟁 환경 조성을 위하여 국내 관련 기관 및 각 국 조달기관과의 교류·협력을 확대하고, 국내기업의 해외 조달시장 진출을 지원할 수 있습니다.

비축물자의 가격 변동이나 수급 불안정에 따른 위험을 피하기 위하여 필요하면 「자본시장과 금융투자업에 관한 법률」 제5조제1항제1호·제2호에 따른 파생상품을 거래할 수 있습니다.

수요기관이 요청하는 경우에는 소프트웨어사업 관련 수요물자의 구매 또는 시설공사의 계약 및 그에 따른 사업에 관한 업무를 지원하거나 대행할 수 있습니다.

체결한 계약이 정상적으로 이행된 경우로서 납품업체의 규모, 계약 방법, 자체 자금 사정 등을 고려하여 계약 이행의 대금을 수요기관을 대신하여 지급하는 것이 효율적인 경우에는 그 대금을 대지급하여야 합니다.

또한 공공조달시장의 감시·조사 기능을 한층 강화했습니다.

조달과정에서 공정성을 해치는 행위(입찰자 또는 계약상대자 등이 입찰 또는 계약, 납품검사 등에 관한 서류를 위조·변조하거나 거짓 서류를 제출하는 행위, 직접생산기준을 위반하여 납품하는 행위, 원산지를 거짓으로 표시하여 납품하는 행위, 수요기관 등의 사전 승인 없이 계약규격과 상이한 제품을 납품하는 행위, 우수조달물품 등의 지정을 거짓이나 부정한 방법으로 받은 행위)에 대하여 신고를 접수하고, 그 신고 내용의 조사를 위하여 계약상대자에게 자료의 제출을 요구하거나 사무소·사업장·공장 등을 방문하여 시설·서류 등을 조사할 수 있습니다.

2016년에는 공정조달관리팀을 내부 TF로 구성하여 조달시장의 위반행위를 조사처리하기 시작하였습니다. 이후 2017년 2월 28일부터는 공공조달시장의 질서를 바로잡기 위해 조달관리국을 신설하고, 직접생산 위반, 허위서류 제출 등 불공정 조달행위 근절 업무를 담당할 공정조달관리과와 조달가격을 조사·관리하고 부당이득 환수 업무를 담당할 조달가격조사과를 신설하였습니다.

이제 공공조달시장의 질서를 본격적으로 관리해 나감으로써 공공조달의 공정성과 투명성을 더욱 향상시켜 조달기업들이 자유롭고 공정하게 경쟁할 수 있는 조달환경이 조성될 것입니다.

1세기 훨씬 이전인 1904년 미국 대통령 선거에 공화당 후보로 나온 루스벨트가 유세 중에 기업과 노조의 대립을 평화공존의 상태로 만들고자 공정거래the Square Deal를 역설했다고 합니다.

공정한 조달환경을 만들고자 조달청이 발 벗고 나선 것입니다.

아울러 조달청은 민관 공동 비축사업, 비축물자의 판매가격 결정, 우수조달물품 등의 지정 등의 업무도 하고 있습니다.

2장

약방의 감초
자주 쓰는 조달 용어

일상생활에서 사용하는 용어는 여러분들이 저보다 더 잘 알 것입니다. 그러나 조달업무라는 특정 분야에 한정해서 이야기하면 그렇지 않습니다.

조달업무를 처음 해 본 사람은 먼저 생소한 용어에 당황할 때가 많습니다. 그만큼 조달업무를 해 본 사람이 아니면 생소하고 어렵게 느껴지는 용어가 많다는 이야기입니다. 이런 용어들을 이해하지 못하면 도대체 무슨 이야기인지 알아들을 수가 없습니다. 이런 낭패를 막기 위해서는 용어에 대한 사전 이해가 필수적입니다.

자. 그럼 본론에 들어가기에 앞서 이 책에서 자주 나올 생소한 용어에 대해 미리 알아두도록 합시다. 조달업무를 하게 되면 약방의 감초처럼 입에 달고 살아야 할 용어들이니까요.

수요기관

수요기관은 조달사업법 제2조 및 같은 법 시행령 제4조에 잘 설명되어 있습니다. 즉, 조달물자, 시설공사 계약의 체결 또는 시설물의 관리가 필요한 기관을 말한다고 되어 있습니다. 여기에는 국가기관, 지방자치단체 또는 국가·지방자치단체가 투자·출연한 기관이나 그 밖의 기관이 해당됩니다. 즉, 수요물자의 구매·공급 또는 시설공사 계약의 체결을 요청하여 조달청장이 인정하는 기관이 해당됩니다. 예를 들면 행정안전부, 서울특별시 종로구청, 경상남도 진주시 등으로 최종수요자 정도로 이해하면 됩니다. 그렇다고 수요기관이 100% 최종수요자가 되는 것은 아닙니다. 예를 들어 한국환경공단(수요기관)이 지자체(최종수요자)의 위탁을 받아 조달물자 구매계약을 요청하는 경우와 같이 수요기관과 최종수요자가 다른 경우도 있습니다.

다른 측면에서 설명하면 수요기관은 예산을 확보하고 대금을 지급하는 기관이고, 최종수요자는 조달물자를 사용 또는 운영하는 기관이 되겠습니다. 자녀가 입을 옷을 아빠 돈으로 엄마가 사온다면, 수요기관은 아빠이고, 조달청 역할은 엄마가 하며, 최종수요자는 자녀 정도로 이해하면 됩니다.

참고로 각 지방조달청의 관할지역은 다음 표와 같고, 해당 지방청 구분은 물품의 경우 수요기관 소재지를 기준으로 하고, 시설공사의 경우에는 공사현장 소재지를 기준으로 합니다.

지방청별 관할 지역

지방청	관할 지역
서 울	서울특별시, 경기도 동북부권(과천시, 파주시, 고양시, 동두천시, 의정부시, 남양주시, 구리시, 하남시, 성남시, 광주시, 이천시, 여주시, 양주시, 포천시, 연천군, 양평군, 가평군)
부 산	부산광역시, 울산광역시
인 천	인천광역시, 경기도 서남부권(부천시, 광명시, 안양시, 의왕시, 김포시, 군포시, 수원시, 안산시, 용인시, 시흥시, 오산시, 안성시, 화성시)
대 구	대구광역시, 경상북도
광 주	광주광역시, 전라남도
대 전	대전광역시, 세종특별자치시, 충청남도
경 남	경상남도
강 원	강원도
충 북	충청북도
전 북	전라북도
제 주	제주도

그러면 전국에 있는 수요기관은 얼마나 될까요? 수요기관은 '18년 말 기준으로 국가기관 4,968개(9.0%), 교육기관을 포함한 지자체 18,502개(33.6%), 준정부기관 등을 포함한 기타 기관 31,570개(57.4%) 기관으로 모두 55,040개나 됩니다.

조달청이 고시(제2015-22호, '15.8.6.) 한 '조달사업 수요기관 기준'에 의하면 수요기관을 3가지 기준으로 분류하고 있습니다.

먼저 조달청장에게 조달요청을 하여야 하는 당연기관으로 국가기관, 지방자치단체, 교육기관이 있습니다.

조달청장에게 조달요청을 할 수 있는 임의기관으로 공기업, 준정부기관, 기타 공공기관, 지방공기업, 사립학교법에 의한 학교법인 및 사립학교, 특별법에 의하여 설립된 법인, 사회복지법인, 공익법인, 기타 조달청장이 개별적으로 인정한 기관으로 사립유치원이나 사회복지시설 등이 있습니다.

그리고 정부조달업무의 원활한 수행을 위하여 물품납품 이전에 조달청에 대금을 납부하여야 하는 대금선납 기관이 있습니다. 여기에는 사회복지법인, 민법에 의해 설립된 법인 중 공익법인, 조달청장이 개별적으로 인정한 기관, 「공공기관의 운영에 관한 법률」 제4조 내지 제6조의 규정에 따라 기획재정부장관이 지정·고시한 공공기관(공기업·준정부기관·기타 공공기관), 「지방공기업법」에 의하여 설립된 지방공사와 지방공단, 「사립학교법」에 의한 학교법인 및 사립학교, 특별법에 의하여 설립된 법인 중 3개월 이상 장기미납 사실이 있는 기관이 해당됩니다.

고시금액

고시금액 관련 규정은 국가계약법 제4조(국제입찰에 따른 정부조달계약의 범위) 제1항에 나와 있습니다.

"국제입찰에 따른 정부조달계약의 범위는 정부기관이 체결하는 물품·공사 및 용역의 계약으로서 정부조달협정과 이에 근거한 국제규범에 따라 기획재정부장관이 정하여 고시하는 금액 이상의 계약으로 한다."고 되어 있습니다.

그렇습니다. 고시금액은 국제입찰대상 여부를 즉, 국제입찰에 부쳐야 하는 금액의 하한액을 말합니다.

물품 및 용역의 경우 국가계약법 제4조 제1항의 규정에 의한 기획재정부장관이 정하여 고시하는 금액은 다음과 같습니다.[기획재정부고시 제2018-27호, '18.12.19.]

세계무역기구의 정부조달협정상 개방 대상금액은 2억 원이고, 대한민국 정부와 각 정부 간의 자유무역협정상 개방대상금액은 칠레 8천만 원, 싱가포르 1.6억 원, 페루 1.5억 원, 미합중국 1억 원, 호주 2억 원, 캐나다 1억 원, 뉴질랜드 2억 원, 콜롬비아 1.1억 원입니다.

그리고 공기업·준정부기관 계약사무규칙 제4조제1항의 규정에 의한 기획재정부장관이 정하여 고시하는 금액은 세계무역기구의 정부조달협정상 개방대상금액이 6.3억 원이고, 대한민국 정부와 각 정부 간의 자유무역협정상 개방대상금액은 칠레 7억 원, 싱가포르(물품) 6.3억 원, 페루 6.3억 원, 호주(물품) 7억 원, 콜롬비아 6.3억 원입니다.

기획재정부는 정부조달계약의 국제입찰 대상금액을 2년마다 변경 고시합니다. WTO 정부조달협정 및 FTA에 규정된 국제입찰 대상금액은 SDRSpecial Drawing Rights, IMF 특별인출권로 표시되어 있어, 2년마다 원/SDR 환율 변동을 반영하여 국제입찰 대상금액의 원화환산금액을 고시합니다. 이때 환율 변동은 국제통화기금IMF이 국제금융통계International Financial Statistics에 게재하는 2년간의 일별 원/SDR 환율을 평균하여 산정합니다. 결국 고시금액은 원화 가치의 상승, 하락에 따라 영향을 받게 됩니다.

추정가격 VS 추정금액

추정가격은 국가계약법 시행령 제2조에서 "물품·공사·용역 등의 조달 계약을 체결함에 있어서 국가계약법 제4조의 규정에 의한 국제입찰 대상 여부를 판단하는 기준 등으로 삼기 위하여 예정가격이 결정되기 전에 산정된 가격을 말한다."고 되어 있습니다.

그럼 추정가격은 어떻게 산정할까요?

국가계약법 시행령 제7조에서는 예산에 계상된 금액 등을 기준으로 하여 추정가격을 산정하되, 아래와 같은 기준에 따른다고 되어 있어요.

그 내용을 살펴보면, 공사계약의 경우에는 관급자재로 공급될 부분의 가격을 제외한 금액으로 합니다. 단가계약의 경우에는 당해 물품의 추정 단가에 조달예정수량을 곱한 금액으로 산정하죠.

그리고 개별적인 조달요구가 복수로 이루어지거나 분할되어 이루어지는 계약의 경우에는 두 가지로 나눕니다. 먼저 당해 계약의 직전 회계연도 또는 직전 12월 동안 체결된 유사한 계약의 총액을 대상으로 직후 12월 동안의 수량 및 금액의 예상 변동분을 감안하여 조정한 금액으로 하거나, 동일 회계연도 또는 직후 12월 동안에 계약할 금액의 총액으로 산정합니다.

물품 또는 용역의 리스·임차·할부구매계약 및 총 계약금액이 확정되지 아니한 계약의 경우에도 두 가지로 나뉩니다. 계약기간이 정해진 계약은 총 계약기간에 대하여 추정한 금액으로 하고, 계약기간이 정하여지지 아니하거나 불분명한 계약은 1월분의 추정지급액에 48을 곱한 금액으로 산정합니다.

그리고 조달하고자 하는 대상에 선택사항이 있는 경우에는 이를 포함하여 최대한 조달 가능한 금액으로 산정합니다.

일반적으로 이렇게 생각하시면 됩니다. 우리가 흔히 쓰는 용어인 공급가액과 비슷한 개념입니다. 부가가치세를 제외한 가격이죠. 물론 조달수수료도 제외된 금액입니다.

추정가격은 국제입찰 대상기준 금액인 고시금액 결정 뿐 아니라 제한경쟁, 소액수의계약 등 모든 계약방법을 결정할 때 기준이 되는 금액으로 중요한 역할을 합니다.

계약방법별 주요 추정가격 기준

- 국제입찰 : 추정가격이 고시금액 이상[국가계약법 제4조]
- 적격심사 : 추정가격이 고시금액 이상[국가계약법 시행령 제42조제1항]
- 지역제한 : 추정가격이 고시금액 미만[국가계약법 시행령 제21조제1항]
- 소액수의 : 추정가격 5천만 원 이하[국가계약법 시행령 제26조제1항]
- 지명경쟁 : 추정가격 1억 원 이하[국가계약법 시행령 제23조제1항]

추정금액은 국가계약법 시행규칙 제2조제2호에 의거, 국가계약법 시행령 제2조제1호에 따른 추정가격에 「부가가치세법」에 따른 부가가치세와 관급자재로 공급될 부분의 가격을 합한 금액을 말합니다.

추정가격, 추정금액 산정 예

- 부가가치세를 포함한 품대 : 110,000,000원
- 도급자설치 관급금액 : 20,000,000원
- 관급자설치 관급금액 : 50,000,000원 일 경우,
    ⇒ 추정가격 = 품대/1.1 = 110,000,000/1.1 = 100,000,000원
    ⇒ 추정금액 = 추정가격+부가가치세 + 도급자설치 관급금액 = 130,000,000원

기초금액 VS 복수예비가격 VS 예정가격

 기초금액이란 예정가격 작성 과정에서 거래실례가격, 원가예산가격 등에 의하여 조사한 가격이나 설계 가격에 대하여 계약담당공무원이 그 적정 여부를 검토 조정한 가격을 말합니다.

 기초금액은 복수예비가격을 작성하기 위한 기준가격이 됩니다.

 복수예비가격이란 기초금액의 일정 범위 내에서 임의로 산출한 서로 다른 15개의 예비가격을 말합니다. 조달청은 "조달청 내자업무 처리규정"에서 국가계약법 적용 기관은 ±2%, 지방계약법 작용 기관은 ±3% 상당금액 범위 내로 한다고 정해 놨습니다. 참고로 지방자치단체는 행정안전부 예규 제47호('18.11.8.) "지방자치단체 입찰 및 계약집행기준"에서 ±3%로 정해 놨습니다,

 국가기관이나 공공기관의 경우 국가계약법규에 범위에 대한 기준이 없어 수요기관 자체 입찰로 집행하는 경우 기관별로 달리 적용하는 경우도 있습니다.

 예를 들면, LH공사, 한국철도공사, 한국농어촌공사, 한전은 ±2%, 한국수자원공사는 ±2.5%, 한국도로공사는 ±3%를 적용하고 있습니다. 한편,

일부 기관은 낮은 복수예비가격을 적용하고 있어 관련 업계의 지속적인 개선 요구 목소리가 높은 실정입니다.

예정가격은 국가계약법 시행령 제2조에서 "입찰 또는 계약체결 전에 낙찰자 및 계약금액의 결정기준으로 삼기 위하여 미리 작성·비치하여 두는 가액"이라고 정의하고 있습니다. 우리들이 흔히 '예가'라고 말하는 것이 바로 이 예정가격을 줄여서 말한 것입니다.

예정가격은 계약담당공무원이 구매를 위한 경쟁입찰 또는 수의시담을 하기 전에 당해 계약 목적물의 특성 및 계약 여건 등을 고려하여 예산의 범위 내에서 구매가격으로서 적정하다고 판단하여 정한 가격을 말합니다.

예정가격은 입찰 또는 시담에 의한 낙찰자 결정의 기준이 되며 계약체결에 대한 최고상한 금액이 됩니다.

예정가격의 결정 방법은 국가계약법 제8조에 따릅니다. 예정가격은 계약을 체결하고자 하는 사항의 가격의 총액에 대하여 이를 결정하여야 합니다. 다만, 일정한 기간 계속하여 제조·공사·수리·가공·매매·공급·임차 등을 하는 계약의 경우에 있어서는 단가에 대하여 그 예정가격을 결정할 수 있습니다.

예전의 직접입찰, 우편입찰, 상시투찰함입찰 등 전자입찰 이외의 방법으로 실시하는 일반입찰에서는 바로 이 예정가격을 작성하였으나, 전자입찰이 일반화된 요즘은 기초금액을 기준으로 국가기관의 경우 ±2%, 지방자치단체의 경우 ±3%의 범위에서 15개의 예비가격을 작성, 입찰자들이 2

개씩 선택하여 가장 많이 선택된 4개의 예비가격을 산술평균하여 예정가격을 결정하고 있습니다. 산술평균한 결과 값의 소수점 처리는 소수점 첫째 자리(단가계약은 소수점 셋째 자리)에서 절상합니다.

관급자재

관급자재는 일반적으로 각 수요기관이 사업목적 달성을 위하여 구입하는 자재나 장비라고 할 수 있습니다. 이 자재나 장비를 누가 설치하느냐에 따라 아래와 같이 두 가지로 나눕니다.

관급자설치 관급자재는 조달청과 물품(제조)구매계약을 체결한 업체 즉, 계약상대자가 직접 설치까지 하는 자재나 장비를 말합니다. 그러므로 계약을 체결할 때에는 인도조건을 현장설치도로 하여야 합니다.

도급자설치 관급자재는 조달청과 물품(제조)구매계약을 체결한 업체 즉, 계약상대자가 계약을 체결할 때 명기한 지정장소에 납품만 하면 되고, 따라서 설치는 도급자 즉, 건설공사 시공자가 하여야 하는 관급자재를 말합니다. 그러므로 인도조건을 현장설치도가 아닌 지정장소 납품조건 등으로 하여야 합니다. 추정금액에 대한 앞의 설명에서 관급자재로 공급될 부분의 가격은 여기서 설명하는 도급자설치 관급금액을 말합니다.

한편, 관급자설치 관급금액은 말 그대로 물품(제조)구매계약을 체결한 업체 즉, 계약상대자가 직접 설치까지 하므로 도급자와는 전혀 관계없는 것입니다.

검사 VS 검수

먼저 사전적 의미를 살펴보겠습니다.

검사는 사실이나 일의 상태 또는 물질의 구성 성분 따위를 조사하여 옳고 그름과 낫고 못함을 판단하는 일이고, 검수는 물건의 규격, 수량, 품질 따위를 검사한 후 물건을 받는다는 의미입니다.

일반적으로 검사란 물성, 치수, 외관 등 구체적인 항목에 대하여 규정된 요건 즉, 검사기준을 만족하는지를 확인하는 것이고, 검수는 구매한 제품의 규격과 수량 정도를 확인하는 것을 말합니다.

따라서 검사는 품질관리를 담당하는 부서에서 수행을 하게 되고, 검수는 구매부서 또는 자재부서에서 수행합니다.

한편, 국가계약법 제14조제1항에서 각 중앙관서의 장 또는 계약담당공무원은 계약상대자가 계약의 전부 또는 일부를 이행하면 이를 확인하기 위하여 계약서, 설계서, 그 밖의 관계 서류에 의하여 검사하거나 소속 공무원에게 그 사무를 위임하여 필요한 검사를 하게 하여야 한다고 되어 있습니다.

또 「물품관리법」 제28조제3항에서 물품은 중앙관서의 장 또는 그 위임을 받은 공무원이 지명하는 관계 공무원이나 기술자의 검수를 받지 아니하고는 취득할 수 없다고 되어 있습니다.

계약예규 "물품구매(제조)계약 일반조건" 제19조에서 검사는 계약담당공무원이 품질, 수량, 포장, 표기상태, 포장명세서, 품질식별기호 등에 관하여 행한다고 규정하고 있습니다. 납품하는 물품의 규격과 품질 등이 관련 법령에 적합하고 구매규격 및 시방서 등 계약서의 내용과 부합한지의 여부를 확인하는 절차로 볼 수 있습니다. 그리고 검수란 검사에 합격된 계약목적물이 손상 또는 훼손된 물품이 없고 납품서류상의 수량대로 납품되었는지의 여부를 확인하여 인수하는 절차로 볼 수 있습니다.

요약하면 검사는 구매규격과의 일치여부를 확인하는 절차이며, 검수는 검사에 합격한 물품을 인수하는 절차로 볼 수 있습니다.

결론적으로 조달청의 "물품구매(제조)계약 특수조건" 제2조와 "물품구매계약 품질관리 특수조건" 제2조에 따라 검사는 계약목적물이 관련 법령에 의거 적합하고 구매규격·시방서대로 제조·설치되었는지 여부를 검사공무원이 확인하는 것이며, 검수는 검사에 합격된 계약목적물이 손상 또는 훼손품이 없고 계약서 또는 납품서류상의 수량대로 납품되었는지 여부를 물품출납공무원이 확인하는 것을 말합니다.

참고로, 조달청의 "물품구매계약 품질관리 특수조건" 제7조에서는 검사의 종류로 조달청검사, 전문기관검사, 수요기관검사 등으로 구분되어 있습니다.

조달청검사로 계약이 체결된 경우에는 조달품질원 또는 지방조달청에 검사를 요청하고, 전문기관검사로 계약이 체결된 경우에는 지정된 전문검사기관에 검사를 요청하며, 수요기관검사로 계약이 체결된 경우에는 수요기관에 검사를 요청하고, 검사가 완료되면 납품기한 내에 지정된 납품장소에서 수요기관에 검수요청을 하여야 합니다.

지체상금

지체상금은 정당한 사유 없이 채무자가 계약기간 내에 계약상의 의무를 이행하지 않았을 때 채권자에게 지불하는 경제적 부담금입니다. 지체보상금으로도 불리며 아파트입주 지체상금, 공사 지체상금 등이 있습니다. 보상금은 계약체결 당시 당사자 간 약정에 따라 정해진 일정율과 지체 날짜 수를 곱해 산출합니다. 통상 현금으로 지급하지만 당사자 간 합의에 따라 유가증권으로 지급할 수도 있습니다.

채무자가 이행기에 채무를 이행하지 않을 것을 조건으로 하여 지체상금 약정이 효력을 발생합니다. 지체상금 약정은 물품 공급계약이나 건축 등 일의 완성을 목적으로 하는 도급계약에서 주된 계약에 부수되는 종된 계약으로 체결되는 경우가 많습니다.

지체상금 약정을 하는 이유는 채무자에게 이행기를 준수할 것에 대한 심리적 압박을 가하고, 손해배상의 발생 및 범위에 대한 입증의 곤란으로부터 채권자를 구제하기 위한 것으로, 지체상금은 최종적으로는 분쟁을 사전에 예방하는 목적도 있습니다.

한편, 지체상금은 계약상대자가 이행 기간 내에 계약상의 의무를 이행하지 못하고 지체되었을 때 당해 지체에 대한 손해배상의 성격으로 징수하게 되는 것으로서, 지체상금의 징수 요건은 이행기를 경과하여야 하고, 이행 기간 내에 이행이 가능하였어야 하며, 지체가 채무자의 귀책사유, 즉 채무자의 고의 과실 또는 이와 동등한 사유에 기인하여야 합니다.

조달청에서는 계약상대자가 정당한 이유 없이 정해진 기간 내 계약이행을 하지 않고 지체한 때에는 미이행 계약금액에 지체일수 및 지체상금률을 곱하여 지체상금을 부과합니다. 계약이행이 늦어져 수요기관에 피해를 줬으므로 부과하는 일종의 페널티 성격이죠.

지체상금률은 국가계약법과 지방계약법이 다르고, 또 계약의 특성에 따라 달리 적용됩니다. 국가계약법 적용시 물품 제조·구매의 경우 0.075이고, 용역 및 기타는 0.125입니다. 지방계약법을 적용할 때는 각각 0.08, 0.13입니다.

참고로 지체상금의 법률적 성격에 대해서는 대법원 판결이 대체적으로 손해배상액의 예정으로 보고 있으나, 간혹 위약벌로 보는 판결도 있습니다.

기타 추가적인 내용은 제11장 "뿌린 대로 거둔다 - 잘못하면 이런 불이익도(지체상금 부과)"를 참고하시기 바랍니다.

선금

일반적으로 대금은 계약을 100% 이행하여야 받을 수 있겠죠. 그러나 정부조달계약에서는 미리 대금을 지급하기도 한답니다. 즉, 계약상대자가 계약을 이행하기 전 또는 지급할 시기가 도래하기 전에 미리 그 대금의 일부를 지급받는 것을 말합니다. 해당 계약의 노임이나 자재구입비 등에 우선 충당하여 계약 이행력을 제고시킴으로써 조달기업의 경영활동에 도움이 되도록 한 제도입니다.

이와 같이 선금이란 확정된 채무에 대하여 상대방의 이행 전 또는 지급할 시기의 도래 전에 미리 그 대금의 전부 또는 일부를 지급하는 것을 말합니다. 선급금, 선수금, 선금 등의 용어를 쓰고 있으나 법률적, 행정적 공식용어는 선금급입니다. 선금급은 선금, 중도금, 잔금의 개념으로 이해하면 되겠습니다.

그리고 선급금은 회계학에서 많이 사용되는 계정 중 하나로, 자금의 성격이 미확정적인 지출을 자산으로 인식하는 것이며, 미리 돈을 지불 할 때 쓰이는 계정입니다.

「국고금 관리법」 제26조에서 '지출관은 운임, 용선료, 공사·제조·용역 계약의 대가, 그 밖에 대통령령으로 정하는 경비로서 그 성질상 미리 지급하지 아니하거나 개산하여 지급하지 아니하면 해당 사무나 사업에 지장을 가져올 우려가 있는 경비의 경우에는 이를 미리 지급하거나 개산하여 지급할 수 있다.'고 규정하여 그 근거를 마련하고 있습니다.

총액계약 vs 단가계약

총액계약은 아래에 설명하는 단가계약에 대립하는 용어로서, 제조 등의 계약을 체결함에 있어서 계약목적물 전체를 총액으로 하여 체결하는 계약을 말합니다. 계약의 총액은 단가와 수량을 기초로 하여 단가에 수량을 곱하여 확정합니다.

총액계약은 수요기관의 규격서, 시방서에 의하여 주문제작하는 물품의 구매에 적합한 형태입니다. 즉, 수요빈도가 적고, 제시된 규격에 의하여 제조·납품하는 물품의 경우에 적합한 방법입니다.

이 계약방법은 수요기관의 조달요청이 있을 때마다 매번 새로운 절차를 거쳐 계약을 체결합니다.

한편, 단가계약은 여러 기관에서 필요로 하고 수요빈도가 높은 물품을 대상으로 단가와 예정수량을 정해 계약을 체결하는 것입니다. 즉, 단가계약은 일정기간 계속하여 동종의 제조, 수리, 가공, 매매, 공급, 사용 등의 계약을 체결함에 있어서 그 단위당의 가격을 정하여 체결하는 계약방법입니다.

이와 같이 단가계약은 동일한 규격이나 사양의 물품, 일정기간 특히 장기에 걸쳐 안정적 공급이 필요한 물품, 수요량이 확정되지 않은 물품 등을 구매할 때 취하는 계약의 형태입니다. 단가계약은 총액계약에 대립하는 용어로서 일반단가계약과 제3자단가계약으로 나뉘며, 대표적인 예로 희망수량경쟁입찰을 들 수 있습니다.

따라서 총액계약으로 할 것인지, 단가계약으로 할 것인지의 여부는 당해 계약목적물의 특성, 수요빈도 및 시기, 계약물량 조정 필요여부 등을 종합적으로 고려하여 결정할 사항입니다.

일반단가계약 vs 제3자단가계약 vs MAS계약

단가계약은 일반단가계약과 제3자단가계약으로 나뉩니다.

일반단가계약은 정형화된 규격에 의하여 제조·공급되는 철근, 레미콘, 아스콘 등의 물품과 같이 계약업체별로 물량 배정이 필요한 물품 구매 시 활용합니다. 조달청이 일정한 배정기준에 따라 물량을 나누어 줄 필요가 있는 물품이 해당됩니다.

단가계약은 국가계약법 제22조, 지방계약법 제25조 및 같은 법 시행령 제79조에 규정되어 있습니다.

한편, 제3자단가계약은 조달청우수제품 및 복사기, 차량 등 MAS계약 체결된 물품으로서 별도의 배정 절차를 거치지 않는 물품이 해당됩니다.

조달사업법 제7조에서는 수요물자에 대한 계약방법의 특례를 규정하고 있는데, 여기에서 조달청장은 각 수요기관에서 공통적으로 필요로 하는 수요물자를 제조·구매 및 가공하는 등의 계약을 할 때 미리 단가만을 정하고 각 수요기관의 장이 직접 해당 물자의 납품 요구나 납품 요구 및 대금 지급을 할 수 있는 계약을 체결할 수 있다고 하면서 이것을 "제3자를 위한 단가계약"이라고 하였습니다. 여기에서 제3자는 수요기관을 의미합니다.

또한, 지방계약법 제26조와 같은 법 시행령 제80조에서도 제3자를 위한 단가계약에 대해 규정하고 있습니다.

일반단가계약과 제3자단가계약은 납품요구 주체에 따라 달라지는데, 조달청을 통해 납품 요구하는 일반단가계약과 수요기관이 직접 계약상대자에게 납품 요구하는 제3자단가계약으로 나뉩니다.

그러면 납품요구의 주체를 왜 군이 조달청과 수요기관으로 이원화해서 두 가지 방법으로 나누었을까요? 다 조달청에서 하거나 수요기관에서 직접 하면 될 텐데요.

그렇습니다. 조달청의 개입이 필요한 물품도 있고, 그렇지 않은 물품도 있습니다. 납품요구권을 전적으로 수요기관에 주면 몇몇 소수의 업체로 납품요구가 편중될 수 있고, 그러면 물량소화를 하지 못해 안정적 공급이 어려워질 수도 있습니다. 그러한 품목은 조달청이 납품요구권을 갖고 적정하게 배분하는 역할을 하고 있습니다.

MAS계약은 조달사업법 제7조의2에 규정되어 있는데, 각 수요기관의 다양한 수요를 충족하기 위하여 품질·성능·효율 등에서 동등하거나 유사한 물품을 수요기관이 직접 선택할 수 있도록 다수를 계약상대자로 하는 계약제도입니다.

MAS계약이 가능한 품목은 규격이 확정되고 상용화된 물품으로서, 연간 납품실적이 3천만 원 이상인 업체가 3개사 이상이고, 업계 공통의 상용규격 및 시험기준이 존재하며, 단가계약이나 제3자단가계약이 가능한 물품이 해당됩니다.

납품실적, 경영상태 등이 일정한 기준에 적합한 자를 대상으로 협상을 통해 연간 단가계약을 체결합니다.

보다 자세한 내용은 제6장의 "다수공급자계약제도"를 참고하시기 바랍니다.

참고로 MAS계약 물품도 제3자단가계약에 포함되는데, 제3자단가계약과의 큰 차이는 2단계경쟁제도가 있다는 점입니다.

제조 vs 구매

    제조와 구매는 다른 의미입니다. 제조製造는 구매하고자 하는 물품이 일반시장에 유통되고 있지 않아 생산업체로부터 제조하게 하여 구매하는 것입니다. 구매購買는 시장에서 유통되고 있는 물품을 그대로 구매하는 것을 의미합니다. 그러나 일반적으로 제조와 구매를 통칭하여 '구매'라고 표현하는 경우도 많습니다. 조달물자(물품) 구매입찰공고를 보면 입찰참가자격에서 구분되는데, 제조의 경우에는 '제조물품으로 입찰참가 등록한 자'로 제한하고 있습니다.

    참고로 제품製品과 상품商品의 차이에 대해서 살펴보겠습니다.

    일상생활에서는 거의 같은 의미로 쓰이지요.

    하지만 경영학이나 회계학에서는 조금 다른 의미로 쓰입니다.

    제품은 제조회사 등에서 재료, 자재 등의 원재료를 투입하여 생산공정을 거쳐 제조한 완성품을 의미합니다. 생산 공장에서 제조하여 도매상 등에 판매하는 물품인거죠. 즉, 제품은 완성되어 고객에게 인도되기까지 원자재 구매 → 가공 → 조립 → 제품완성 → 판매 과정을 거칩니다. 공장을 가지고 직접 물건을 만드는 회사라면 그 회사에서 만든 물건을 제품이라고 합니다.

예를 들면 '이것은 OO사의 제품이다.', '이번 우리 회사의 신제품은 획기적인 것이다.'라는 식으로 사용되죠.

반면에 상품은 시장에서의 상거래를 목적으로 하여 생산된 유·무형의 재화를 말합니다. 일반 소비자에게 직접 판매하는 물품을 말하죠. 남이 만든 물건을 사와서 팔기만 하는 회사입장에서는 그 물건을 상품이라 부릅니다. 즉, 제품처럼 원재료 구매와 가공, 조립 과정 없이 구매한 물품을 원형 그대로 고객에게 인도하는 형태입니다.

일반적으로 유통, 상거래의 대상이 되는 것은 모두 포함됩니다.

그래서 교육, 보험, 소프트웨어, 의료기관 서비스 같이 비가시적이지만 상거래에 이용될 수 있도록 생산되었다면 즉, 거래가 되고 있다면 소비자의 니즈를 충족시키는 상품이 됩니다.

제품과 다른 점은 스스로 그 물건을 제조하는 것이 아니고, 타인으로부터 제조된 제품을 구입하여 소비자에게 판매할 때 상품이라 합니다. 예를 들어 보험은 제조과정이 없기 때문에 제품이 아닙니다. 상품입니다. 옷가게를 하는 사람은 옷을 제조하는 회사에서 옷을 구입하여 소비자에게 그 옷(상품)을 판매하는 것입니다.

삼성전자에서 만든 에어컨은 삼성전자에서 보면 제품이지만, 하이마트에서 팔 경우 하이마트 입장에서 보면 그건 상품입니다.

즉, 한 물건이 상품 혹은 제품으로 정해져 있는 것이 아니라 어느 입장에서 보느냐에 따라 달라집니다.

사용 예를 들어볼까요?

"제품화에는 성공했으나 상품화에는 실패했다.", "제품화 기술은 앞설지 몰라도 상품화 기술은 경쟁사에 뒤진다."

제조와 구매입찰, 제품과 상품을 관련지어 보겠습니다. 제조구매입찰의 경우에는 그 대상이 제품만 해당됩니다. 구매입찰의 경우 그 대상은 상품이 되는데 여기에는 제품도 포함됩니다.

해제 VS 해지

조달업무에 있어서 계약의 전문가는 과연 어떤 사람일까요?

계약을 최고로 잘 이행할 계약상대자를 선정할 수 있는 능력이 있는 사람이 최고의 전문가라고 감히 말할 수 있습니다. 최고의 전문가가 되기 위해서는 관련 규정을 잘 알고 해당 물품의 업계 상황, 유통구조 등을 잘 파악하고 있어야 합니다.

그러나 최선을 다해 계약상대자를 선정했다 하더라도 예기치 않게 계약을 이행하지 못하는 경우가 종종 발생합니다. 이럴 경우에는 계약을 해제·해지하게 됩니다.

해제解除는 유효하게 성립한 계약의 효력을 당사자의 일방적인 의사표시에 의하여 소급하여 해소함을 의미합니다. '매매계약을 해제한다.'와 같이 쓰입니다.

반면에 해지解止는 '해약解約'과 같은 말로 계약당사자 한 쪽의 의사표시에 의하여 계약에 기초한 법률관계를 말소하는 것을 의미합니다. '만기가 되어 정기예금을 해지했다.'와 같이 쓰입니다.

해제 시에는 해당 계약은 계약 체결 시로 소급하여 그 효력이 상실됩니다. 즉, 아예 없던 계약이 되는 것입니다. 해지가 된 경우에는 해제와는 다르게 해지 시점까지의 계약은 유효하게 됩니다. 해지 이후의 효력을 무효화시킨다고 보면 됩니다.

일반적으로 분할납품이 가능하여 일부라도 이행했다면 나머지 미이행 부분에 대하여 해지를 하여야 하고, 분할납품이 불가능하여 1%라도 이행을 하지 못하였다면 전체가 미이행으로 되어 전체에 소급하여 해제해야 합니다.

재입찰 VS 재공고입찰

기본적으로 계약을 체결하려면 일반경쟁에 부쳐야 한다고 국가계약법 제7조에 규정되어 있습니다. 국가계약법 시행령 제10조에서 경쟁은 입찰방법으로 함을 원칙으로 하고 있습니다. 한편, 국가계약법 시행령 제11조에서는 경쟁입찰은 2인 이상의 유효한 입찰로 성립한다고 되어 있습니다.

재입찰은 경쟁입찰에 있어서 2인 이상의 유효한 입찰자가 없거나 낙찰자가 없을 경우 다시 공고절차를 거치지 않고 같은 장소에서 재차 입찰에 부치는 제도입니다(국가계약법 시행령 제20조제1항). 이 경우 재입찰은 새로운 입찰로 보지 아니하며, 입찰자 또는 입찰횟수의 제한을 받지 아니합니다. 이때 처음 입찰에 참가하지 않았어도 재입찰에 참가가 가능합니다.

반면에, 재공고입찰은 입찰자나 낙찰자가 없는 경우 또는 낙찰자가 계약을 체결하지 않는 경우에 다시 공고하여 입찰에 부치는 제도입니다(국가계약법 시행령 제20조제2항).

재입찰 또는 재공고입찰 시에는 기한을 제외하고는 최초 입찰에 부칠 때에 정한 가격, 기타의 조건을 변경할 수 없습니다(국가계약법 시행령 제20조제3항).

공동이행방식 VS 분담이행방식

국가기관이 당사자가 되는 공사계약, 제조계약 또는 그 밖의 계약에서 필요하다고 인정하면 계약상대자를 둘 이상으로 하는 공동계약을 체결할 수 있습니다.

국가계약법 시행령 제72조에 따르면 기획재정부에서 공동계약 유형을 지정하게 되어 있고, 기획재정부 계약예규에 따르면 공동계약의 유형으로 공동이행방식, 분담이행방식, 주계약상대자관리방식 등 세 가지가 있습니다.

행정안전부의 지방자치단체 공동계약운영요령에는 위의 세 가지에 혼합방식이 하나 더 있습니다.

공동共同이행방식은 공동수급체 구성원이 일정 출자비율에 따라 연대하여 공동으로 계약을 이행하는 공동계약을 말합니다.

분담分擔이행방식은 공동수급체 구성원이 일정 분담 내용에 따라 나누어 공동으로 계약을 이행하는 공동계약을 말합니다. 면허 보완 정도로 이해하면 될 것입니다.

공동이행방식과 분담이행방식은 서로 같은 점도 있습니다.

공동수급체 대표자의 권한은 대금의 청구, 수령 및 공동수급체의 재산관리 등으로 두 방식 모두 같고, 효력기간은 서명과 동시에 발효되어 당해 계약의 이행으로 종결됩니다. 다만, 발주자 또는 제3자에 대하여 계약과 관련한 권리의무관계가 남아있는 한 협정서의 효력은 존속합니다.

다음의 표는 공동이행방식과 분담이행방식의 다른 점을 비교 정리해 놓은 것입니다.

공동이행방식 VS 분담이행방식

내 용	공동이행방식	분담이행방식
공동수급체 구성내용	출자비율에 의한 구성 (실적 보완)	공사를 분담하여 구성 (면허 보완)
계약이행 및 하자담보책임	구성원 전체가 연대책임	분담내용에 따른 구성원별 각자 책임
계약이행요건	구성원 각각이 당해계약의 이행에 필요한 면허 · 등록 등 요건을 갖출 것	구성원 공동으로 계약이행에 필요한 면허 · 등록 등 요건을 갖출 것
하도급	다른 구성원의 동의 없이 공사일부의 하도급불가	각 구성원은 자기책임 하에 분담부분 일부하도급 가능
대가 지급	선금 : 대표자 대가 : 각자 지급	선금, 대가 모두 각자지급
손익 배분	출자비율에 의한 배분	분담공사별로 배분 (다만, 공동비용은 분담비율에 의해 배분)

낙찰하한율

낙찰하한율은 낙찰대상자 결정을 위한 적격심사나 계약이행능력심사에서 입찰가격을 제외한 나머지 심사분야의 배점한도를 다 받았을 경우 적격심사(85점)나 계약이행능력심사(88점)를 통과하기 위한 최저 투찰률을 말합니다. 즉, 최저가격으로 낙찰이 가능한 예정가격 대비 입찰금액을 말합니다.

지금부터 예를 들어 설명하겠습니다.

• 적용기준 : 조달청 물품구매적격심사 세부기준
• 배점기준 및 평가기준 : 추정가격 10억 원 이상의 제조입찰

위와 같은 조건에서의 심사항목 및 배점한도는 다음의 표와 같습니다.

구 분	심사 분야	심 사 항 목	배점한도
계			100
I. 해당물품 납품이행 능력	1. 납품실적	계약목적물과 동등 이상 또는 유사물품	5
	2. 기술능력	기술등급	10
	3. 경영상태	신용평가등급	30
II. 입찰가격	1. 입찰가격	(별도 산식)	55
III. 신인도	1. 품질관리 등 신뢰정도	고도인증/녹색ㆍ일반인증/여성기업/장애인기업 /고용창출/공동수급체/중소(제조)기업/정책지원 /납품지연/불공정하도급거래/부정당업자제재	+3~-2
IV. 결격사유	1. 해당물품 납품이행 능력 결격여부	부도 등의 상태로 해당 계약이행이 어렵다고 판단되는 경우(다만, 법정관리ㆍ화의인가 결정 등 법원의 정상화 판결을 받은 경우는 제외)	-30

기본적으로 해당물품의 납품이행능력(45점)과 입찰가격(55점)의 배점이 100점이고, 신인도(+3 ~ -2점)와 결격사유(-30점)가 있죠.

신인도평가는 적격심사 대상자의 납품이행능력 취득점수가 심사분야별 배점한도에 부족한 경우에만 배점한도 범위 내에서 가산점을 부여합니다. 따라서 납품이행능력과 신인도 평가의 합은 최대 45점이 됩니다. 그리고 낙찰대상자가 되려면 종합평점이 85점 이상이 되어야 한다는 사실은 이미 다들 알고 계시죠.

이제 납품이행능력은 43점이고, 신인도는 3점이며, 결격사유는 없다고 가정합니다.

자, 그럼 어떻게 해야 할까요?

그렇습니다. 85점 이상이 되기 위해서는 납품이행능력과 신인도에서 45점을 확보하였기 때문에 입찰가격에서 40점 이상을 받아야 합니다.

이제 본론으로 들어가서 입찰가격은 어떻게 평가하는지 알아보겠습니다. 입찰가격을 평가하는 산식은 아래와 같습니다.

$$\text{입찰가격(점)} = 55 - 2 \times \left| \left(\frac{88}{100} - \frac{\text{입찰가격}}{\text{예정가격}} \right) \times 100 \right|$$

이때 입찰가격을 예정가격으로 나눈 결과 소수점 이하의 숫자가 있는 경우에는 소수점 다섯째 자리에서 반올림하고, | |는 절대값을 표시한 것입니다. 또한 입찰가격이 예정가격 이하로서 예정가격의 100분의 95.5 이상인 경우의 평점은 40점으로 평가합니다.

이제 계산에 들어갑니다.

가격점수에서 40점 이상 받아야 하므로,

55 - 2 x |(88/100 - 입찰가격/예정가격) x 100| ≥ 40

55 - 40 ≥ 2 x |(88/100 - 입찰가격/예정가격) x 100|

2 x |(88/100 - 입찰가격/예정가격) x 100| ≤ 15

|(88/100 - 입찰가격/예정가격) x 100| ≤ 7.5

|(88 - 투찰율)| ≤ 7.5

따라서 (88 - 투찰율) ≤ 7.5 또는 (88 - 투찰율) ≤ -7.5

∴ 투찰율 ≥ 80.5 또는 투찰율 ≥ 95.5

그렇습니다. 이 경우에는 가장 낮은 투찰율을 찾아야 하므로 80.5%의 투찰율이 나와야 합니다.

그런데 앞에서 말씀드린 것처럼 소수점 이하의 숫자가 있는 경우에는 소수점 다섯째 자리에서 반올림해야 합니다. 위에서 나온 80.5%는 0.805입니다. 소수점 다섯째 자리에서 반올림하여 0.805가 되어야 하는 것입니다. 그러려면 최종적으로 0.8049*가 되는데 소수점 다섯째 자리인 *의 숫자가 반올림이 되려면 최소 5 이상이 되어야 합니다. 결국 0.80495가 되어야 하는 겁니다. 그래야 가격점수에서 40점이 나올 수 있습니다.

우리 오랜만에 수학공부 한번 제대로 했습니다. 여러분의 수고를 덜기 위해 국가계약법과 지방계약법 적용 기관을 나누어 낙찰하한율을 정리해 보았습니다. 큰 차이는 일반물품이냐, 중소기업자간 경쟁물품이냐에 따라 적격심사(계약이행능력심사) 통과 점수가 다르다는 점입니다. 심사기준이 자주 변경되므로 세심한 주의가 필요합니다. 시간되시면 한 번씩 풀어보시길 권합니다.

국가계약법 적용기관의 낙찰하한율

구분	추정가격	낙찰자 선정방법	통과 점수	낙찰 하한율	비 고
일반 물품	5천만 원 이하	제한적 최저가	–	88%	소액수의 (견적입찰)
	5천만 원 초과 ~ 고시금액 미만(제조·구매)	적격심사	85점	80.495%	
	고시금액 이상 ~10억 원 미만(제조)/ 고시금액 이상(구매)				
	10억 원 이상(제조)				
중기간 경쟁 물품	5천만 원 이하	제한적 최저가	–	88%	소액수의 (조합추천)
	5천만 원 초과 ~ 고시금액 미만	계약이행 능력심사	88점	87.995%	
	고시금액 이상 ~ 10억 원 미만				
	10억 원 이상				

지방계약법 적용기관의 낙찰하한율

구분	추정가격	낙찰자 선정방법	통과 점수	낙찰 하한율	비 고
일반 물품	2천만 원 이하	제한적 최저가	–	90%	소액수의 (견적입찰)
	2천만 원 초과 ~ 5천만 원 이하			87.995%	
	5천만 원 초과 ~ 2억 원 미만	적격심사	85점	84.245%	
	2억 원 이상 ~ 10억 원 미만			80.495%	
	10억 원 이상				
중기간 경쟁 물품	2천만 원 이하	제한적 최저가	–	90%	소액수의 (조합추천)
	2천만 원 초과 ~ 5천만 원 이하			87.995%	
	5천만 원 초과 ~ 고시금액 미만	계약이행 능력심사	88점	87.995%	
	고시금액 이상 ~ 10억 원 미만				
	10억 원 이상				

결국 낙찰하한율은 제한적 최저가 요소를 갖고 있다고 볼 수 있습니다. 낙찰하한율 아래로 떨어지는 낙찰을 예방하는 효과가 있어서 일정 낙찰률을 담보할 수 있게 됩니다.

3장

전체의 대강
정부계약제도 일반

관련 법령들

일반 기업들도 원활한 경영활동을 하기 위해서는 시설이나 물품 등이 필요할 것입니다. 그리고 이러한 것을 조달하기 위한 조직을 갖추고 관련 업무를 수행하는데 필요한 절차나 기준 등을 마련하여 그 틀 속에서 움직일 것입니다.

마찬가지로 우리나라의 공공구매에 관한 법률로는 국가계약법과 조달사업법이 있습니다.

국가계약법은 국가가 대한민국 국민을 계약상대자로 하여 체결하는 계약과 국제입찰에 따른 정부조달계약에 관한 기본적인 사항을 정해 계약업무를 원활하게 수행할 수 있도록 하고 있습니다. 공공조달을 함에 있어 따라야 하는 입찰 및 계약방법과 절차를 규정해 놓은 법입니다.

조달사업법은 조달물자의 구매, 물류관리, 공급 및 그에 따른 사업 등 조달사업을 공공성을 고려하면서도 효율적으로 수행하기 위하여 조달사업의 운영 및 관리에 필요한 사항을 정해 놓은 법입니다. 조달청에 발주를 의뢰해야 하는 공공구매의 범위와 처리절차를 정해 놓았죠. 절차적인 사항들은 법 보다는 하위규정인 대통령령과 부령, 회계예규 등에서 상세하게 규정하고 있습니다.

공공구매와 관련된 법령의 제·개정 및 폐지에 관한 주무 부처는 기획재정부입니다. 법령을 개정하는 경우나 중요한 계약제도를 변경하는 경우에는 국토교통부, 조달청, 방위사업청 등 관계부처와 협의를 거치게 됩니다. 이것은 모든 법령들을 제·개정할 때 이해관계자들의 의견을 듣는 것과 같습니다.

계약방법에 따른 분류

계약방법은 정부가 구매하고자 하는 물품·용역·시설물에 대하여 누구에게 청약請約 기회를 부여할 것인지를 결정하는 기준 및 절차라는 점에서 중요한 의의가 있습니다. 즉, 누구와 계약을 할 것인가의 문제입니다.

계약방법은 정부가 공급원을 결정하는 방식이라고 할 수 있는데요, 크게 두 가지로 나눌 수 있습니다. 동시에 여러 사람에게 청약기회를 부여하는 경쟁계약과 특정인에게만 청약기회를 부여하는 수의계약이 그것입니다. 청약서의 형태는 경쟁입찰의 경우 입찰서가 되고, 수의계약의 경우 견적서가 됩니다.

조달청 내자구매 실적은 2018년 한 해 동안 계약금액 기준으로 일반경쟁 37.8%, 지명경쟁 0.2%, 제한경쟁 37.2% 등 경쟁계약이 75.3%를 차지하고, 수의계약이 24.7%를 차지하였습니다.

① 경쟁계약

경쟁계약은 세 가지로 나눌 수 있습니다.

첫째, 일정한 자격을 가진 희망자 모두를 대상으로 입찰을 실시하여 국가에 가장 유리한 조건을 제시한 자와 계약하는 일반경쟁계약(국가계약법 제7조 본문)이 있습니다.

둘째, 특수한 설비 또는 기술, 지역, 중소기업자 여부 등에 의하여 입찰 참가자의 자격을 제한하여 계약하는 제한경쟁계약(국가계약법 제7조 단서, 같은 법 시행령 제21조)이 있습니다.

셋째, 특수설비·기술·자재·물품 또는 실적이 있는 자가 아니면 계약 목적 달성이 곤란한 경우로서 입찰대상자가 10인 이내인 경우 등 경쟁참 가자를 지명하여 계약하는 지명경쟁계약(국가계약법 제7조 단서, 같은 법 시행령 제23조)이 있습니다.

이제 위에서 개략적으로 살펴본 경쟁계약 세 가지에 대해서 자세히 살 펴보겠습니다.

■ 일반경쟁계약

계약대상 물품·용역·시설공사의 규격 및 시방서와 계약조건 등을 널 리 공고하여 일정한 자격을 가진 불특정 다수의 입찰희망자 모두에게 입 찰에 참여하도록 허용하고, 그 중에서 국가에 가장 유리한 조건을 제시한 자와 계약을 체결하는 방법입니다. 입찰방식의 기본 원칙이죠.

입찰참가를 희망하는 업체는 다음 자격을 갖추고 나라장터에 사전 등록하여야 입찰참가자격이 부여됩니다(국가계약법 시행령 제12조, 제39조, 같은 법 시행규칙 제15조).

① 다른 법령의 규정에 의하여 허가·인가·면허·등록·신고 등을 요하거나 자격요건을 갖추어야 할 경우에는 당해 허가·인가·면허·등록·신고 등을 받았거나 당해 자격요건에 적합한 자

② 보안측정 등의 조사가 필요한 경우에는 관계기관으로부터 적합판정을 받은 자

③ 「소득세법」 제168조, 「법인세법」 제111조 또는 「부가가치세법」 제5조의 규정에 의하여 당해 사업에 관한 사업자등록증을 교부받거나 고유번호를 부여받은 자

④ 부정당업자로 입찰참가자격을 제한받지 아니한 자 또는 제한기간이 경과된 자 등

일반경쟁계약의 장점은 공개적으로 입찰을 집행하므로 공정하고 경제적입니다. 또한 다수의 희망자가 입찰에 참가할 수 있어 보다 유리한 조건을 제시하는 자와 계약할 수 있습니다.

한편, 단점으로는 자본·신용·경험 등이 풍부하지 못한 업체도 참가할수 있으므로 견실한 계약목적물의 확보에 차질을 가져올 수 있습니다. 덤핑입찰로 인한 부실이행의 우려가 높고, 입찰참가 인원이 너무 많아 입찰집행에 어려움이 있기도 합니다.

■ 제한경쟁계약

　제한경쟁계약은 일반·지명경쟁계약제도의 단점을 보완하고 경쟁에 따른 장점을 취할 수 있는 계약방법입니다. 이는 계약의 목적을 효과적으로 달성하기 위하여 특수한 설비 또는 기술·지역·중소기업자 여부 등 일정한 기준에 따라 입찰참가자격을 제한하는 제도랍니다. 계약의 목적, 성질 등에 비추어 필요한 경우 경쟁참가자의 자격을 일정한 기준에 의하여 제한하여 입찰케 하는 방법이죠.

　국가계약법에서 정한 물품·용역구매 분야의 주요 입찰참가자격 제한기준은 다음과 같습니다.

① 실적에 의한 제한으로 특수한 설비나 기술이 요구되는 물품·용역은 같은 종류의 과거 이행실적으로 제한합니다.

② 품질인증에 의한 제한은 특수한 성능 또는 품질이 요구되어 품질 인증 등을 받은 물품을 구매하려는 경우에는 그 품질인증 등을 받은 물품인지 여부를 가지고 제한합니다. 그 예로 「산업표준화법」 제15조에 따른 인증을 받은 물품, 「환경기술 및 환경산업 지원법」 제17조에 따라 환경표지의 인증을 받은 물품, 「자원의 절약과 재활용촉진에 관한 법률」 제33조에 따른 기준에 적합하고 「산업기술혁신 촉진법 시행령」 제17조제1항제3호에 따른 품질 인증을 받은 재활용제품 등이 있죠.

③ 기술보유 상황에 의한 제한은 특수한 설비나 기술이 요구되는 물품

제조계약의 경우에 적용할 수 있습니다.

④ 추정가격이 고시금액 미만인 물품·용역은 해당 지역업체로 제한할 수 있습니다. 국가기관은 2억 원, 광역자치단체(세종시 제외)는 3.1억 원, 기초자치단체(세종시 포함)와 서울·부산·인천의 군·구는 6.3억 원 미만이 해당됩니다.

⑤ 구축법에 따라 중소벤처기업부장관이 지정·고시한 품목은 중소기업 보호를 위해 중소기업자간 제한경쟁으로 합니다.

⑥ 재무상태에 의한 제한은 계약이행의 부실화를 방지하기 위하여 경쟁 참가자의 재무상태로 제한하여 부도나 파산 등으로 정상적인 영업활동이 곤란한 업체의 참여를 배제합니다.

⑦ 특정지역에 소재하는 자의 생산품 구매제한은 지방중소기업특별지원 지역(지정기간만 해당)이나 농공단지에 입주한 자가 생산한 물품을 구매하려는 경우에 적용합니다.

■ 지명경쟁계약

지명경쟁계약은 신용과 실적 등에 있어서 적당하다고 인정되는 특정 다수의 경쟁참가자를 지명하여 계약상대방을 결정하는 계약방법입니다.

이 방법은 신용과 실적 및 경영상태가 우량한 업체를 지명하기 때문에 계약이행의 신뢰성을 확보하고 계약에 소요되는 경비절약 및 절차 간소화가 가능합니다. 반면에 입찰참가자를 지명함에 있어 특혜 시비와 경쟁성을 저해할 우려가 있으므로 지명에 신중을 기하여야 합니다.

국가계약법에서 정한 주요 지명경쟁입찰 사유에는 다음의 것들이 있습니다.

① 계약의 성질 또는 목적에 비추어 특수한 설비·기술·자재·물품 또는 실적이 있는 자가 아니면 계약의 목적을 달성하기 곤란한 경우로서 입찰대상자가 10인 이내인 경우

②「산업표준화법」제15조에 따른 인증을 받은 제품

③ 국가계약법 제7조 단서 및 국가계약법 시행령 제26조의 규정에 의하여 수의계약에 의할 수 있는 경우

④「자원의 절약과 재활용촉진에 관한 법률」 제33조의 규정에 의한 기준에 적합하고「산업기술혁신 촉진법 시행령」제17조제1항제3호에 따른 품질인증을 받은 재활용제품 또는 「환경기술 및 환경산업 지원법」 제17조의 규정에 의한 환경표지의 인증을 받은 제품을 제조하게 하거나 구매하는 경우

⑤ 구촉법 시행령 제6조에 따라 중소벤처기업부장관이 지정·공고한 물품을 「중소기업기본법」제2조에 따른 중소기업자로부터 제조·구매할 경우 등이 있습니다.

② 수의계약

수의계약은 경쟁계약과 반대되는 개념입니다.

수의계약은 경쟁입찰에 의하지 않고 특정인을 계약상대방으로 선정하여 계약을 체결하는 제도입니다. 이는 특수목적을 위하여 예외적으로 인정하는 것으로 경쟁계약의 원칙에 대한 예외적인 계약제도입니다. 계약이행이 가능한 자가 1인이거나 경쟁계약에 의하여 구매할 수 없는 경우 등 특수한 사정이 있는 경우에 한하여 제한적으로 허용됩니다.

국가계약법 시행령 제26조에서 정한 주요 수의계약 사유는 다음과 같습니다.

① 경쟁에 부칠 여유가 없거나 경쟁에 부쳐서는 계약의 목적을 달성하기 곤란하다고 판단되는 경우입니다. 긴급한 행사, 긴급 복구가 필요한 수해 등 비상재해, 원자재 가격급등 등의 경우, 국가기관의 행위를 비밀리에 할 필요가 있을 경우, 비상재해가 발생한 경우에 국가가 소유하는 복구용 자재를 재해를 당한 자에게 매각하는 경우 등이 해당됩니다.

② 특정인의 기술이 필요하거나 해당 물품의 생산자가 1인 뿐인 경우 등 경쟁이 성립될 수 없는 경우로서 해당 물품을 제조 공급한 자가 직접 그 물품을 설치·조립 또는 정비하는 경우나 이미 조달된 물품의 부품교환 또는 설비확충 등을 위하여 조달하는 경우로서 해당물품을 제조공급한 자 외의 자로부터 제조공급을 받게 되면 호환성이 없

게 되는 경우, 특허를 받았거나 실용신안등록 또는 디자인등록이 된 물품을 제조하거나 구매하는 경우로서 적절한 대용품이나 대체품이 없는 경우 등이 여기에 해당됩니다.

③ 「중소기업진흥에 관한 법률」에 따른 중소기업자가 직접 생산한 다음 제품을 해당 중소기업자로부터 제조·구매하는 경우입니다. 구촉법 제15조에 따라 성능인증을 받은 제품, 「소프트웨어산업 진흥법」 제13조에 따라 품질인증을 받은 제품, 「중소기업 기술혁신 촉진법」 제9조제1항제3호에 따른 지원을 받아 개발이 완료된 제품으로서 당초의 수요와 연계된 자가 구매를 협약한 제품, 「산업기술혁신 촉진법」 제16조에 따라 신제품으로 인증 받은 제품, 「산업기술혁신 촉진법」 제15조의2, 「환경기술 및 환경산업 지원법」 제7조 또는 「건설기술 진흥법」 제14조에 따라 인증 또는 지정·고시된 신기술을 이용하여 제조한 제품으로서 주무부장관이 상용화 단계에서 성능을 확인한 제품, 조달사업법 시행령 제18조에 따라 우수조달물품으로 지정·고시된 제품, 조달사업법 시행령 제18조의2에 따라 지정·고시된 우수조달 공동상표의 물품(기획재정부장관이 고시한 금액 미만의 물품을 구매하는 경우에 한정) 등이 해당됩니다.

이 경우 해당 물품을 인증 또는 지정한 날부터 3년(유효기간만 해당) 동안만 수의계약을 체결할 수 있습니다. 다만 인증기간 또는 지정기간을 연장한 경우에는 연장된 인증기간 또는 지정기간과 연장일 부터

3년이 되는 날까지의 기간 중 짧은 기간 동안만 수의계약을 체결할 수 있습니다.

④ 국가유공자 또는 장애인 등에게 일자리나 보훈·복지서비스 등을 제공하기 위한 목적으로 설립된 단체 등과 물품의 제조·구매 또는 용역계약을 체결하거나, 그 단체 등에 직접 물건을 매각·임대하는 경우에도 수의계약이 가능합니다.

⑤ 계약의 목적·성질 등에 비추어 경쟁에 따라 계약을 체결하는 것이 비효율적이라고 판단되는 경우로서 추정가격이 2천만 원 이하인 물품의 제조·구매계약 또는 용역계약도 해당됩니다. 추정가격이 2천만 원 초과 ~ 5천만 원 이하인 경우에도 수의계약이 가능한 경우가 있는데, 소기업·소상공인·여성기업·장애인기업과 체결하는 물품의 제조·구매계약 또는 용역계약이 이에 해당합니다.

⑥ 경쟁입찰을 실시하였으나 입찰자가 1인뿐인 경우로서 재공고입찰을 실시하더라도 입찰참가자격을 갖춘 자가 1인밖에 없음이 명백하다고 인정되는 경우 또는 재공고입찰에 부친 경우로서 입찰자 또는 낙찰자가 없는 경우에도 수의계약이 가능합니다. 이 경우에는 보증금과 기한을 제외하고는 최초 입찰에 부칠 때에 정한 가격, 기타의 조건을 변경할 수 없습니다.

⑦ 낙찰자가 계약을 체결하지 않거나 계약체결 후 계약을 해제 또는 해지한 경우에도 수의계약에 의할 수 있는데, 이때는 당초 낙찰금액보다

불리하지 아니한 금액의 범위 안에서 수의계약에 의할 수 있습니다.

한편, 수의계약 대상은 입찰참가자는 물론 당해 입찰에 참가하지 않은 자로서 국가에 가장 유리한 가격을 제시한 자로 할 수 있습니다. 이때 입찰참가 자격은 기본적으로 일반경쟁 입찰 참가 자격을 갖추고 있어야 합니다.

계약체결 형태에 따른 분류

계약 체결의 형태에 따라서는 총액계약·단가계약, 당해연도계약·장기계속계약, 확정계약·개산계약·사후원가검토조건부계약, 단독계약·공동계약으로 나눌 수 있습니다.

① 총액계약·단가계약

자세한 내용은 제2장 "약방의 감초 – 자주 쓰는 조달용어(총액계약 vs 단가계약)"에서 설명했으니 참고하시기 바랍니다.

조금 더 추가하면 총액계약과 단가계약의 구분은 계약의 성격과 가격을 어떻게 정할 것인가의 관점에서 접근한 것입니다.

2018년도 조달청 내자구매실적 중 총액계약은 38.4%, 단가계약은 61.6%(일반단가 17.9%, 제3자단가 43.7%)를 차지합니다.

② 당해연도계약 · 장기계속계약

　당해연도계약은 당해연도 세출예산을 재원으로 하는 통상적 계약입니다. 반면에 장기계속계약은 이행에 수년을 요하는 계약에 있어 총사업에 대한 범위는 확정되었으나, 총예산이 확보되지 않은 경우로써 총이행금액을 부기하여 계약을 체결하되, 각 회계연도 예산의 범위 내에서 계약을 이행하는 계약입니다. 참고로 계속비계약은 전체 사업에 대한 총예산이 확보되고 이행에 수년을 요하는 계약으로서 총낙찰금액으로 계약체결하고 연부액을 부기하는 계약입니다.

③ 확정계약 · 개산계약 · 사후원가검토조건부계약

　이 계약형태는 계약금액의 확정여부에 따라 분류한 것입니다.

　확정계약은 계약체결 이전에 예정가격 등을 작성하고 입찰 또는 시담을 통해 계약금액을 확정하는 일반적인 형태의 계약을 말합니다. 개산계약槪算契約은 예정가격을 미리 확정하기 어려운 개발시제품의 제조계약 등에 대하여 계약이행 후 계약금액을 정산하는 조건으로 체결하는 계약이죠. 그리고 사후원가검토조건부계약은 입찰 전에 예정가격을 미리 정할 수 없는 일부 비목을 계약 이행 후 원가를 검토하여 정산하는 계약입니다.

　개산계약은 계약목적물 전체에 대해 사전 가격확정이 곤란한 경우에 적용하고, 사후원가검토조건부계약은 일부 비목에 대한 가격산정이 곤란한 경우에 적용한다는 차이가 있습니다.

사후원가검토조건부계약은 주로 수입자재를 주재료로 사용하는 물품, 세부 규격이 불분명하여 원가변동 요인이 있는 물품, 가격자료 미비로 예정가격 기초조사가 미흡한 물품, 기타 사후원가 검토가 필요한 물품 등을 대상으로 하고 있습니다.

④ 단독계약 · 공동계약

단독계약은 계약상대자가 하나인 가장 일반적인 계약이고, 공동계약은 2인 이상의 계약상대자가 일정부분을 서로 공동으로 체결하는 계약입니다.

공동계약은 두 가지로 나뉩니다. 하나는 공동이행방식이고, 다른 하나는 분담이행방식입니다. 자세한 것은 앞의 "약방의 감초 - 자주 쓰는 조달용어(공동이행방식 vs 분담이행방식)"에서 자세히 설명한 바 있습니다.

낙찰자 결정제도

1 최저가 낙찰제(국가계약법 시행령 제10조 및 제42조)

최저가 낙찰제는 국고의 부담이 되는 경쟁입찰에 있어서 예정가격 이하로서 최저가격으로 입찰한 자를 낙찰자로 선정하는 제도입니다. 추정가격이 고시금액 미만인 물품입찰, 2단계경쟁, 규격·가격 동시입찰(국가계약법 시행령 제18조), 희망수량경쟁입찰(국가계약법 시행령 제17조), 종합낙찰제(국가계약법 시행령 제44조) 등에 적용합니다.

다만 물품을 제조하여 납품하거나 계약이행기일이 60일 이상 소요되는 계약 또는 중소기업자간 경쟁물품 구매와 같이 계약이행능력심사가 필요한 경우와 5천만 원 이하 소액수의계약 등 낙찰하한율이 적용되는 경우에는 최저가 낙찰제를 적용하지 않습니다.

② 적격심사제(국가계약법 시행령 제10조 및 제42조) 및 계약이행능력심사제(구촉법 제7조)

적격심사제는 입찰자의 계약이행능력을 심사하여 일정수준 이상의 평점을 받은 우량업체를 낙찰자로 결정하는 제도입니다. 이행능력이 없거나 부족한 업체가 덤핑 입찰에 의하여 낙찰되는 것을 예방하고 계약이행의 신뢰성 확보를 위해 실시합니다. 더 나아가 업체의 경영합리화 및 품질향상을 유도하려는 취지도 있습니다. 낙찰자는 최저가격 입찰자 순으로 심사하여 종합평점이 85점(중소기업자간 경쟁은 88점) 이상인 자를 낙찰자로 결정합니다.

참고로 중소기업자간 경쟁품목은 적격심사제와 유사한 계약이행능력심사제도에 의하여 낙찰자를 결정합니다.

추정가격 규모에 따른 적격심사(계약이행능력심사) 적용기준은 아래와 같습니다.

구 분	일반물품	중기간 경쟁 물품
고시금액 미만	최저가 또는 적격심사	계약이행능력 심사
고시금액 이상	적격심사	계약이행능력 심사

일반물품은 기본적으로 적격심사를 실시하여 낙찰자를 결정하지만, 추

정가격이 고시금액 미만이면서 제조하지 아니하고 납품하는 물품의 경우에는 예정가격 이하로서 최저가격으로 입찰한 자를 낙찰자로 결정하는 최저가 낙찰제를 적용합니다.

또한 구촉법에 의한 중소기업자와 우선조달계약 대상 물품은 고시금액 미만일 경우 적격심사제를 적용합니다.

한편, 중소기업자간 경쟁물품은 추정가격의 높고 낮음을 떠나 모두 계약이행능력심사를 통해 낙찰자를 결정합니다.

적격심사의 심사항목은 납품이행능력(납품실적, 기술능력, 경영상태), 입찰가격, 신인도 등으로 이루어져 있습니다. 10억 원 이상 제조입찰의 경우 입찰가격 55점, 납품이행능력 45점, 신인도 +3 ~ -2, 결격사유 -30점으로 구성되어 있습니다. 그 외 공급 및 10억 원 미만 제조입찰의 경우에는 납품실적과 기술능력을 심사하지 않습니다.

③ 2단계경쟁입찰 및 규격 · 가격 동시입찰(국가계약법 시행령 제18조)

이것은 수요기관에서 제시한 규격 이상의 성능과 규격 등을 갖춘 입찰자 중 최저가격으로 입찰한 자를 낙찰자로 선정하는 것입니다.

규격 · 가격 동시입찰은 규격입찰서와 가격입찰서를 동시에 제출하고, 먼저 규격입찰서를 평가하여 적격자를 선정한 후, 규격입찰서 적격자의 가격입찰서를 개봉하여 낙찰자를 결정하는 방식입니다.

한편, 2단계경쟁입찰은 발주자가 사전에 적절한 규격서 작성이 어려운 경우 1단계에서 규격입찰서를 제출받아 적격자를 가려내고, 2단계에서는 적격자로부터 가격입찰서를 제출받아 낙찰자를 결정하는 방식입니다.

위 두 가지 방식은 유사하면서도 차이점이 있어 혼동하기 쉬우므로 잘 알고 있어야 합니다.

2단계경쟁입찰은 규격입찰을 먼저 실시하여 적격자를 선정한 다음, 이 적격자를 대상으로 가격입찰을 실시합니다. 따라서 규격적격자가 2인 이상이 되어야 유효한 입찰이 되어 가격입찰을 실시합니다.

반면에 규격 · 가격 동시입찰은 규격입찰과 가격입찰을 동시에 실시합니다. 그러므로 2인 이상이 입찰에 참여하여 규격적격자가 1인인 경우에도 유효한 입찰이 되어 규격적격자의 가격을 개찰합니다.

④ 종합낙찰제(국가계약법 시행령 제44조)

종합낙찰제는 제품의 품질향상 및 에너지 절약제품 개발을 유도하기 위한 낙찰자 결정 방법인데, 두 가지로 나눕니다.

하나는 입찰가격 외에 품질, 성능, 효율 등을 종합적으로 고려하여 입찰가격에 총에너지 소모비를 합한 금액이 가장 낮은 자를 낙찰자로 선정합니다. 현재는 펌프, 냉동기, 공기압축기, 송풍기, 엘리베이터, 에스컬레이터 등 6개 품목에 적용하고 있습니다.

다른 하나는 업체별 가격 · 성능 · 환경환산점수를 합산하여 종합평가점수가 가장 높은 자를 낙찰자로 선정합니다. 현재 에어컨, 세탁기, LCD모니터, 데스크톱컴퓨터, 노트북, 텔레비전, 프린터, LED램프, 공기청정기 등 9개 품목에 적용하고 있습니다.

⑤ 희망수량 경쟁입찰(국가계약법 시행령 제17조)

희망수량 경쟁입찰은 1인의 계약상대자가 단독으로 수행하기 어려운 다량물품을 예정가격 이하의 최저가격(단가)으로 입찰한자 순으로 수요물량에 도달할 때까지의 입찰자를 낙찰자로 선정하는 방법입니다. 예를 들어 설명하겠습니다.

희망수량 경쟁입찰 낙찰자 결정 방법

◉ **입찰공고 주요 내용**

- 구매품목 : 제설제(염화칼슘)
- 구매예정수량 : 1,000톤
- 납품기한 : 납품 요구 후 15일

◉ **입찰결과**

- A社 : 단가 100원/kg, 희망수량 500톤
- B社 : 단가 110원/kg, 희망수량 300톤
- C社 : 단가 130원/kg, 희망수량 100톤
- D社 : 단가 140원/kg, 희망수량 500톤
- E社 : 단가 120원/kg, 희망수량 400톤

앞의 표와 같은 상황에서 예정가격(단가)이 125원/kg 이라고 가정합니다. 입찰 단가가 가장 낮은 최저가 순으로 낙찰자를 선정한다고 하였죠. 그러면 그 순서는 A社 → B社 → E社 → C社 → D社 순으로 되겠죠. 여기서 예정가격 범위 내는 당연히 A社, B社, E社만 해당되는군요. 일단 이 3社가 낙찰자가 될 가능성이 높습니다.

다음 단계로 이제는 수량을 봐야 합니다.

A社 500톤 → B社 300톤(누적 800톤) → E社 400톤(누적 1,200톤)

그럼 어떻게 해야 할까요?

그렇습니다. A社와 B社는 희망수량을 전량 계약할 수 있습니다. 그러나 E社는 구매예정수량 1,000톤에서 A社와 B社의 누적 계약수량 800톤을 차감한 200톤만 계약체결이 가능합니다. C社와 D社는 수량을 불문하고 예정가격을 초과하였으므로 낙찰자가 되지 못합니다.

만약 E社가 희망수량을 100톤으로 제시하였다면 E社는 100톤만 계약할 수 있고, 따라서 총 900톤의 물량에 대해서만 계약을 체결할 수 있는 거죠.

⑥ 협상에 의한 계약(국가계약법 시행령 제43조)

협상에 의한 계약은 계약이행의 전문성 · 기술성 · 긴급성 · 공공시설물의 안전성 및 그밖에 국가안보 목적 등의 이유로 필요하다고 인정되는 경우에 적용하는 방법입니다.

입찰참가자가 제시한 제안서와 입찰가격을 종합 평가하여 국가에 가장 유리하다고 인정되는 자와 협상절차를 통하여 계약을 체결합니다.

특히 정보과학기술 등 집약도가 높은 지식을 활용하여 고부가가치를 창출하는 지식기반사업의 계약을 체결하는 경우에 협상에 의한 계약을 우선적으로 적용합니다.

즉, 계약이행 과정에서 고도의 기술력을 필요로 하는 물품 · 용역에 대하여 다수의 입찰자로부터 제안서와 가격입찰서를 제출받아 평가한 후, 우선협상대상자를 선정하고 협상절차를 거쳐 국가에 가장 유리하다고 인정되는 자를 낙찰자로 선정하는 제도입니다.

계약예규 협상에 의한 계약체결기준에서 제안서 평가 결과 기술능력평가 점수가 기술능력평가분야 배점 한도의 85% 이상인 자를 협상적격자로 선정하도록 되어 있습니다.

협상순서는 협상적격자의 기술능력평가 점수와 입찰가격평가 점수를 합산하여 합산점수의 고득점순에 따라 결정하구요. 다만, 합산점수가 동일한 경우에는 기술능력평가 점수가 높은 제안자를 우선순위자로 하고, 기술능력평가 점수도 동일한 경우에는 기술능력의 세부평가항목 중 배점이 큰 항목에서 높은 점수를 얻은 자를 우선순위자로 하게 되어 있습니다.

'18년 말 기준 내자구매실적은 계약금액 기준으로 경쟁계약이 75.3%, 수의계약이 24.7%를 차지하고 있는 가운데, 경쟁계약은 MAS계약(44.3%), 희망수량(19.6%), 적격심사(14.3%), 협상계약(17.5%) 등이 주를 이루고 있습니다.

4장

일에는 순서가 있는 법
일반적인 구매절차

내자구매 업무 흐름도

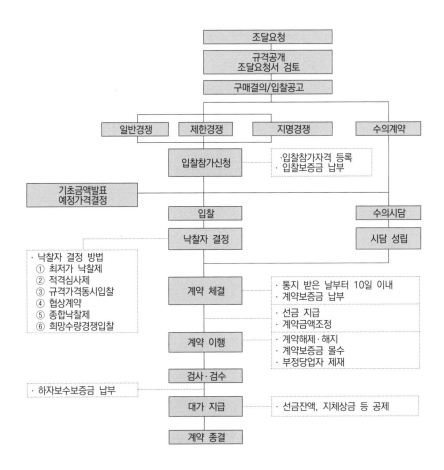

단계별 업무처리

조달업체 입장에서는 입찰공고를 보고 해당 계약방법과 낙찰자 결정 방법에 맞는 전략을 수립하여 얼마에 투찰하면 낙찰대상자로 선정될 수 있는지가 초미의 관심사일 수밖에 없습니다.

따라서 이번 장의 내용 대부분이 조달청 계약업무 담당자의 일인지라 조달업체 입장에서 보면 불필요한 내용일 수도 있습니다.

그렇지만, 수요기관의 구매요청부터 계약체결 및 납품까지 일련의 과정을 이해하면 더 빨리 조달업무 전문가가 될 수 있다는 믿음에서 전체 흐름 중 주요 절차에 대하여 개략적으로나마 소개하도록 하겠습니다.

① 조달요청

수요기관은 사업목적에 필요한 물품 및 용역의 수요가 발생하거나 예상되면 예산을 확보하게 됩니다. 예산을 확보한 수요기관은 품명, 규격서, 납기, 득수조건, 배정예산 및 물품수급관리계획 반영 여부 등을 기재하여 나라장터를 이용해 조달요청을 합니다.

조달요청과 관련하여 몇 가지 관련 법령을 알아보겠습니다.

「정부조직법」 제27조제7항에는 "정부가 행하는 물자(군수품 제외)의 구매·공급 및 관리에 관한 사무와 정부의 주요시설공사계약에 관한 사무를 관장하기 위하여 기획재정부장관 소속으로 조달청을 둔다."고 되어 있습니다.

조달사업법 제5조의2에 의하면 수요기관의 장은 "수요물자 또는 공사 관련 계약을 체결함에 있어 계약 요청 금액 및 계약의 성격 등이 대통령령으로 정하는 기준에 해당하는 경우에는 조달청장에게 계약 체결을 요청하여야 한다."고 되어 있습니다. 다만, 천재지변 등 부득이한 사유로 계약 체결을 요청할 수 없거나 국방 또는 국가기밀의 보호, 재해 또는 긴급 복구 및 기술의 특수성 등으로 계약 체결을 요청하는 것이 부적절한 경우 등에는 그러하지 아니합니다.

조달사업법 시행령 제9조의3에 의하면, 국가기관은 추정가격 1억 원 이상인 물품을 조달청에 계약 요청하여야 하고 제3자단가계약, MAS계약, 단가계약이 체결된 수요물자는 조달청이 계약한 물품을 납품요구, 구매하여야 합니다.

지방자치단체(교육기관 포함)는 2008년부터 완전 자율화되었으나, 제3자단가계약, MAS계약, 단가계약이 체결된 수요물자는 조달청이 계약한 물품을 납품요구, 구매하여야 합니다.

또한 공기업·준정부기관은 중소기업자간 경쟁제품을 고시금액 이상 구매하는 경우에는 총액계약으로 조달청장에게 구매위탁하거나, 단가계약(MAS 포함)으로 체결한 물품의 경우 조달청이 계약한 물품을 납품요구,

구매하여야 합니다.

② 조달요청서 접수 및 규격공개

조달요청서는 수요기관이 소재하는 지역에 따라 조달청 본청 및 해당 지방조달청에서 접수하며, 이때 계약 담당자도 정해집니다.

조달요청서 접수와 동시에 입찰참여기회 균등과 공정한 경쟁을 유도하기 위하여 나라장터를 통해 규격서를 5일(긴급을 요하는 경우 3일) 이상 공개하므로 이때 규격서를 열람하고 의견이 있을 경우 의견을 낼 수 있습니다. 총 사업규모(추정가격 + 부가가치세)가 5억 원 이상인 소프트웨어 사업(기획, 운영·유지관리 사업 등은 제외)은 10일간 공개합니다.

수의계약 대상물품은 특허를 받았거나 실용신안등록 또는 디자인등록이 된 것이거나 생산자나 소지자가 1인뿐인 경우에 의한 수의계약일 때 공개합니다.

규격 공개기간에 규격에 관한 의견을 제출하면 수요 목적범위에서 적극 수렴하여 구매규격을 확정합니다.

③ 조달요청서 검토

조달요청서 검토의 최종 목적지는 결국 최고의 계약상대자를 선정함에 있습니다.

경쟁계약을 원칙으로 하는 국가계약법 등 관련 법령과 기준에 부합하는지 규격·수량·납품기일 등의 조달요청 내용을 검토합니다. 가장 적절한 계약방법이 무엇인지, 또 낙찰자 결정 방법은 어느 것이 좋은지 검토를 하게 됩니다. 규격 검토 없이 계약방법이나 낙찰자 결정 방법을 검토한다는 것은 말이 안 되겠죠. 그래서 계약방법이나 낙찰자 결정 방법을 검토할 때는 규격서 검토가 필수 전제가 됩니다.

일반경쟁으로 계약목적을 달성할 수 있는지, 제한경쟁이나 지명경쟁의 경우에는 제한사항이나 지명사유가 적절하고 경쟁이 확보될 수 있는지 등을 봅니다.

정부 입찰·계약 집행 기준(기획재정부 계약예규)

제5조(제한기준) ④ 계약담당공무원은 시행령 제21조제1항의 규정에 의하여 제한경쟁입찰에 참가할 자의 자격을 제한하는 경우 이행의 난이도, 규모의 대소, 수급상황 등을 적정하게 고려하여야 한다. 다만, 다음 각 호와 같이 입찰참가자의 자격을 제한하여서는 아니 된다. 물품의 제조·구매입찰 시 부당하게 특정상표 또는 특정규격 또는 모델을 지정하여 입찰에 부치는 경우와 입찰조건, 시방서 및 규격서 등에서 정한 규격·품질·성능과 동등 이상의 물품을 납품한 경우에 특정상표 또는 모델이 아니라는 이유로 납품을 거부하는 경우(예: 특정 수입품목의 모델을 내역서에 명기하여 품질 및 성능 면에서 동등 이상인 국산품목의 납품을 거부)

경쟁입찰의 경우에는 정부조달협정 적용여부도 같이 검토합니다. 수의계약의 경우에는 특정업체와 계약을 해야 하는 사유가 규정에 어긋나지 않고 불가피한지 등을 살피게 되죠.

규격서 검토와 계약방법 및 낙찰자 결정 방법 검토는 입찰과 계약업무의 백미라 해도 과언이 아닐 정도로 아주 중요한 단계입니다.

한편, 조달요청서 상의 내용만으로는 원활한 구매가 어려운 경우 수요기관과 협의하여 결정합니다.

④ 구매결의

좀 생소한 용어죠? 간단히 말하면 구매에 관련된 제반 사항, 즉 입찰공고에 반영하여야 할 내용들에 대하여 결정을 한다고 보면 되겠습니다. 약간의 차이가 있지만 비슷한 용어로 품의稟議라는 말이 있죠. 품의는 결의와 달리 그대로 결정되지 않을 수도 있다는 점에서 차이가 있습니다.

조달요청서 검토가 끝났으면 다음 사항을 포함하여 구매결의서를 작성하게 됩니다.

---

① 구매관리번호 ② 수요기관명 ③ 정부물품목록번호, 품명, 규격, 수량 ④ 계약방법 ⑤ 낙찰자 결정 방법(적격심사, 종합낙찰제, 2단계입찰, 분리입찰, 유사물품복수경쟁 등) ⑥ 법적근거 ⑦ 예산금액 또는 추정가격 ⑧ 협정물자(특정조달) 대상여부 ⑨ 입찰일시 ⑩ 납품기한 또는 계약기간, 납품장소, 인도조건, 검사 및 검수기관 ⑪ 이외에도 물품구매입찰유의서, 국가종합전자조달시스템 전자입찰특별유의서, 청렴계약입찰특별유의서, 계약특수조건, 청렴계약특수조건, 계약일반조건, 입찰보증금 수납에 관한 사항 등

물론 모든 내용 하나하나가 다 중요하지만 그래도 가장 중요한 것은 ④ 계약방법 ⑤ 낙찰자 결정 방법이 되지 않을까 싶습니다.

⑤ 입찰공고

입찰방법에 의하여 경쟁에 부치고자 하는 경우에는 나라장터를 이용하여 공고합니다. 다만, 필요한 경우에는 관보 또는 일간신문 등에 게재하는 방법을 병행할 수 있습니다.

입찰공고는 원칙적으로 입찰서 제출 마감일 전일부터 기산하여 7일 이전에 공고하여야 합니다. 다만, 재공고입찰의 경우, 다른 국가사업과 연계되어 일정조정을 위하여 불가피한 경우, 긴급한 행사 또는 긴급한 재해예방·복구 등을 위하여 필요한 경우에는 입찰일 5일 전에 공고할 수 있는 예외도 있습니다.

협상계약은 40일 이상 공고하여야 합니다만, 긴급인 경우에는 10일 이상 공고하면 되기도 합니다.

또한 입찰공고 중 내용의 오류나 법령 위반사항이 발견되어 공고사항의 정정이 필요한 경우에는 남은 공고기간에 5일 이상을 더하여 공고하여야 합니다.

⑥ 기초금액 공개

기초금액은 계약담당공무원이 경쟁입찰 또는 수의시담을 하기 전에 당해 계약목적물의 특성 및 계약여건 등을 고려하여 예산의 범위 내에서 경제적 구매가 가능하고 구매가격으로서 적정하다고 판단하여 정한 가격입니다.

즉, 예정가격 작성과정에서 거래실례가격, 원가계산가격 등에 의하여 조사한 가격이나 설계 가격에 대하여 계약담당공무원이 그 적정 여부를 검토, 조정한 가격입니다.

조달청의 내자구매업무처리규정 제30조에서 예정가격 결정을 위한 기초금액을 작성하여야 하며, 작성된 기초금액은 입찰개시일 전날부터 기산하여 5일전까지 나라장터를 통하여 공개합니다. 다만, 공고기간이 7일 이내이거나 관련 규정에 따른 긴급공고, 기타 불가피한 사유가 있는 경우에는 입찰개시일 전날까지 공개가 가능하며, 협상계약의 경우에는 이를 공개하지 아니할 수 있습니다.

⑦ 예정가격 결정

앞의 기초금액을 기준으로 ±2%(지방계약법 적용의 경우에는 ±3%) 상당금액의 범위 내에서 서로 다른 15개의 예비가격을 작성합니다. 이때 복수예비가격 간의 폭은 가능한 확대하여야 하고, 공개하지 않습니다.

15개의 복수예비가격 중에서 입찰참가자들이 2개씩 추첨하여 가장 많이 추첨된 번호 4개의 가격을 산술평균하여 예정가격으로 결정됩니다.

이렇게 결정된 예정가격은 입찰 또는 시담에 의한 낙찰자 결정의 기준이 되며 계약체결에 대한 최고 상한금액이 됩니다.

참고로 국가계약법 시행령 제9조에 의하면 예정가격은 거래실례가격, 원가계산에 의한 가격, 감정가격, 유사한 거래실례가격 또는 견적가격 등을 기준으로 하여 결정하도록 되어 있습니다.

또한 국가계약법 시행규칙 제13조에 의하면 재공고입찰에 있어 입찰자나 낙찰자가 없는 경우로서 당초의 예정가격으로는 수의계약을 체결할 수 없는 때에는 당초의 예정가격을 변경하여 새로운 절차에 의한 경쟁입찰로 진행할 수 있습니다.

8 입찰

입찰이란 경쟁계약을 체결함에 앞서 계약의 상대자가 될 것을 희망하는 자가 계약의 내용에 관하여 다수인과 경쟁을 통해 일정한 내용을 표시하는 행위입니다.

지금은 대부분 나라장터를 이용하여 입찰서를 제출하고 있지만, 미리 기획재정부장관과 협의한 경우에는 별도로 지정·고시한 정보처리장치를 이용하여 입찰서를 제출하게 할 수 있습니다.

또한 국제입찰대상이거나 나라장터를 이용하기 어려운 경우 등에는 입찰서를 입찰공고에 명시한 장소와 일시에 직접 또는 우편으로 제출하게 할 수도 있습니다.

입찰참가신청서는 입찰보증금 납부서, 입찰보증금 면제 및 지급확약서, 대리인 위임장, 사용인감계 등을 포함합니다.

입찰에 참가하려면 가장 먼저 입찰참가자격을 등록 하여야 합니다. 상세한 내용은 따로 뒤의 "조달업무 첫걸음 - 입찰참가자격등록"에서 자세히 다루겠습니다.

입찰참가자격 기준일은 입찰참가등록 마감일을 기준으로 합니다. 대리인의 입찰참가는 입찰참가신청서 제출 시 및 입찰개시시각 전까지 대리인을 지정(변경)한 경우에는 대리인의 입찰 참가가 가능하지만, 부정당업자로 입찰참가자격을 제한 받고 있는 자는 대리인으로 등록할 수 없습니다. 법인의 경우에는 당해 법인의 임·직원이 대리인이 될 수 있습니다.

다음으로 입찰에 참여하려면 입찰보증금을 납부하여야 합니다. 입찰보 증금은 입찰참가 신청마감일(입찰일 전일)까지 입찰참가신청서와 함께 입 찰금액(단가에 대하여 실시하는 입찰인 경우에는 그 단가에 매회별 이행 예정량 중 최대량을 곱한 금액)의 100분의 5 이상을 납부하여야 합니다.

그럼에도 불구하고 부정당업자 제재를 받아 나라장터에 그 사실이 등 록·확인된 자로서 제재기간 종료일이 입찰공고일로부터 최근 2년 이내인 경우에는 부정당업자 제재기간 종료일이 2년 이내에 포함된 전체 부정당 업자 제재건의 총 제재기간에 따라 다음 각 호의 입찰보증금을 납부하게 하여야 합니다.

부정당업자 제재 기간	입찰보증금율
총제재기간이 6개월 미만	100분의 10
총제재기간이 6개월 이상 ~ 1년 미만	100분의 15
총제재기간이 1년 이상 ~ 2년 미만	100분의 20
총제재기간이 2년 이상	100분의 25

입찰보증금을 보증서로 납부할 경우 보증기간의 초일은 입찰서 제출마 감일 이전이어야 하고, 만료일은 입찰서 제출마감일 다음날부터 30일 이 후여야 합니다.

공동계약 시에는 공동수급체 구성원이 공동수급협정서에서 정한 구성원의 출자비율 또는 분담내용에 따라 납부하여야 합니다. 다만, 공동이행방식인 경우에는 공동수급체 대표자 또는 공동수급체 구성원 중 1인으로 하여금 일괄 납부할 수도 있습니다.

입찰보증금의 산출

- ◉ 총액계약 = 입찰금액 x 5/100 이상
- ◉ 단가계약 = 입찰단가 x 매회별 이행예정량 중 최대량 x 5/100 이상
- ◉ MAS계약 = 매회 최대 납품예정금액 x 5/100 이상
- ◉ 희망수량입찰 = 입찰단가 x 희망입찰수량 x 5/100 이상
- ◉ 장기계속계약(계속비계약) = 총제조입찰금액 x 5/100 이상

나라장터를 통하여 입찰에 참가할 경우 입찰보증금 지급각서로 대체하는데, 입찰보증금 지급각서는 전자입찰 시 정해진 서식에 따라 송신한 입찰서로 갈음합니다.

그러나 입찰보증금을 반드시 납부하도록 하여야 하는 경우도 여러 가지가 있습니다.

신용정보관리규약에 의한 채무불이행 또는 금융질서 문란자인 경우, 국가계약법 제9조제3항에 따른 입찰보증금의 국고귀속 사유가 발생하였음에도 나라장터에서 미수납한 사실이 확인된 경우, 가격등락이 심하거나 불안정한 품목 및 기타 계약체결을 기피할 우려가 있는 품목으로 계약관이 입찰보증금 납부의 필요성이 있다고 결정한 경우, 각 중앙관서의 장으로부터 부정당업자 제재를 받아 나라장터에 부정당업자로 등록 · 확인된 자

로서 제재기간 종료일이 입찰공고일로부터(MAS계약의 경우 적격성평가 신청일 기준) 최근 2년 이내인 경우가 해당됩니다.

⑨ 낙찰자 결정

낙찰자 결정 방법으로는 최저가, 적격심사, 2단계경쟁, 협상계약, 종합 낙찰제, 희망수량입찰제 등이 있습니다. 이것에 대해서는 제3장 "전체의 대강 – 정부계약제도 일반(낙찰자 결정 제도)"을 참고하시기 바랍니다.

⑩ 계약체결

계약은 권리, 의무의 변동(발생, 변경, 소멸) 효과가 발생하는 법률행위로서 경쟁입찰에서 낙찰예정자로 선정된 자 또는 수의계약 대상자와 계약서에 상호 기명날인함으로써 확정되어 성립합니다.

낙찰자는 낙찰통지를 받은 후 10일 이내에 계약을 체결하여야 합니다. 낙찰자가 정당한 이유 없이 계약을 체결하지 아니한 경우에는 입찰보증금을 국고에 귀속당하고 부정당업자 제재 조치를 받습니다. 3천만 원 이하의 계약은 계약서 작성을 생략할 수 있습니다. 계약문서에는 계약서, 설계서, 입찰유의서, 계약일반조건, 계약특수조건, 내역서 등이 포함됩니다.

장기계속계약은 당해연도 예산 범위 안에서 제1차 공사에 대하여 계약을 체결하고, 총공사 낙찰금액을 부기합니다.

계약을 체결할 때는 계약금액(장기계속계약은 총 부기금액, 단가계약은 1회 최대납품요구액)의 10% 이상을 계약보증금으로 납부하여야 합니다. 계속비계약은 총 제조금액이 계약금액이므로 당연히 총액계약과 같이 계약금액의 10/100 이상을 계약보증금으로 납부하여야 합니다.

보증서로 대신할 경우 보증기간의 초일은 계약기간 개시일이 되고, 만료일은 계약기간의 종료일 이후여야 합니다. 또한 입찰보증금을 계약보증금으로 대체하여 줄 것을 요청할 수도 있습니다.

용역계약의 경우에는 계약금액의 100분의 15 이상 납부하거나, 계약보증금을 납부하지 아니하고 용역이행보증서(계약상대자가 계약상의 의무를 이행하지 아니하는 경우에는 계약상의 의무를 이행할 것을 보증한 기관이 계약상대자를 대신하여 계약금액의 100분의 40 이상 납부할 것을 보증)를 제출하여야 합니다.

단, 부정당업자 제재를 받아 나라장터에 부정당업자로 등록·확인된 자로서 제재기간 종료일이 입찰공고일로부터 최근 2년 이내인 경우에는 아래와 같이 더 많은 계약보증금을 납부하여야 합니다.

부정당업자 제재 기간	계약보증금율
총제재기간이 6개월 미만	100분의 15
총제재기간이 6개월 이상 ~ 1년 미만	100분의 20
총제재기간이 1년 이상 ~ 2년 미만	100분의 25
총제재기간이 2년 이상	100분의 30

전자계약서에 대하여는 「인지세법」 제3조에 따라 소정의 인지세를 납부하여야 합니다.

[11] 계약이행

계약상대자는 납품기한 내에 지정 납품장소에 물품을 납품하면 됩니다. 계약물품은 제조구매계약의 경우 계약서에 따라 규격서(시방서) 및 제반 조건 등에 맞도록 제작한 물품을 납품하여야 합니다.

■ 선금제도

계약 체결 후 선금제도를 활용할 수 있는데, 물품제조나 용역으로서 계약상대자의 요청이 있는 경우 계약금액의 100분의 70의 범위 안에서 선금 지급이 가능합니다. 다만, 부정당업자 제재기간 중에 있는 자는 지급대상에서 제외됩니다.

계약금액에 따라 30 ~ 50%의 의무 지급비율이 있는데, 계약예규 정부 입찰·계약 집행기준에 따르면 계약금액이 10억 원 이상이면 30%, 10억 원 미만 ~ 3억 원 이상은 40%, 3억 원 미만이면 50%입니다. 신기술 사용 시에는 10%를 추가 지급하고, 「저탄소 녹색성장 기본법」 제32조제2항에 따라 녹색기술·녹색사업에 대한 적합성 인증을 받거나 녹색전문기업으로 확인받은 경우에도 10%를 추가로 지급합니다.

선금은 노임 지급 및 자재확보에 우선 사용해야 하며, 계약목적 달성 이외의 다른 목적으로는 사용하지 않아야 합니다.

■ 계약금액 조정

계약이행 중 계약금액을 조정해야 할 경우가 있는데 두 가지 방법이 있습니다.

먼저, 물가변동으로 인한 계약금액 조정입니다. 계약체결 후 계약금액을 구성하는 각종 품목 또는 비목의 가격이 상승 또는 하락한 경우 계약금액을 조정하여 계약당사자 일방의 불공평한 부담을 경감시켜 줌으로써 원활한 계약이행을 도모하기 위함입니다.

계약금액 조정 요건은 계약체결 후 90일 이상 경과되고, 입찰일 기준으로 품목조정률 또는 지수조정률이 100분의 3 이상 되어야 합니다. 물가변동으로 인한 계약금액 조정방법은 계약체결 시 물품구매(제조)계약 특수조건 제19조에 품목조정률 또는 지수조정률을 기재하여야 합니다. 다만, 원자재 급등으로 계약이행이 불가능한 경우에는 90일 이내라도 계약금액을 조정할 수 있습니다. 또 환율변동에 의한 계약금액 조정 규정도 있습니다.

다음으로, 설계변경으로 인한 계약금액의 조정입니다. 계약체결 이후 당초의 설계내용이 변경된 경우에는 변경된 내용에 따라 계약금액을 조정할 수 있습니다.

계약금액을 조정함에 있어서 증감된 공사량의 단가는 산출내역서상의 단가(계약단가)로 하고, 계약단가가 없는 신규비목의 단가는 설계변경 당시를 기준으로 하여 산정한 단가에 낙찰률을 곱한 금액으로 합니다.

한편, 정부에서 설계변경을 요구한 경우(계약상대자에게 책임이 없는 사유로 인한 경우 포함)에는 증가된 물량 또는 신규비목의 단가는 설계변경 당시를 기준으로 하여 산정한 단가와 동 단가에 낙찰률을 곱한 금액의 범위 안에서 계약당사자간에 협의하여 결정합니다. 다만, 계약당사자간에 협의가 이루어지지 아니하는 경우에는 설계변경당시를 기준으로 하여 산정한 단가와 동 단가에 낙찰률을 곱한 금액을 합한 금액의 100분의 50으로 합니다.

계약금액의 증감분에 대한 일반관리비 및 이윤 등은 산출내역서 상의 일반관리비율 및 이윤율 등에 의하되 기획재정부령이 정하는 율을 초과할 수 없습니다.

■ 계약이행지체_지체상금 부과

정당한 이유 없이 계약이행을 지체한 때에는 계약금액에 지체일수 및 지체상금률을 곱하여 지체상금을 부과합니다. 계약이행을 지체하여 페널티를 받으면 안 되겠죠.

지체상금률은 물품의 제조·구매(소프트웨어사업시 물품과 용역을 일괄하여 입찰에 부치는 경우를 포함)의 경우 0.75/1,000이고, 용역 및 기타는 1.25/1,000입니다. 다만, 계약 이후 설계와 제조가 일괄하여 이루어지고, 그 설계에 대하여 발주한 중앙관서의 장의 승인이 필요한 물품의 제조·구매의 경우에는 0.5/1,000입니다.

계약금액은 계약서상의 계약금액인데 설계변경이나 물가변동으로 인한 계약금액 조정 등이 있었던 경우에는 변경된 계약금액이 되겠습니다. 장기계속계약의 경우 당해 년차 계약금액이 해당됩니다. 기성부분으로서 인수하여 사용되고 있는 계약금액은 당연히 제외하고 산출합니다.

기본적으로 지체일수의 계산은 계약상 납품기한 익일부터 실제 납품된 날까지 합니다. 지체일수는 납품기간 내에 검사원을 제출한 경우, 검사에 합격하면 지체일수가 없으나, 합격하지 못하고 보완지시를 받은 경우에는 보완지시일로부터 최종검사에 합격한 날까지 지체일수가 됩니다.

납품기간을 초과하여 검사원을 제출한 경우에는 납품일 익일부터 검사에 합격한 날까지 지체일수에 산입됩니다.

계약상대자의 책임이 없는 경우에는 해당일수를 지체일수에서 공제해야 마땅하겠죠.

■ 계약의 해제·해지

계약상대자가 정당한 이유 없이 약정한 기일을 경과하고도 공사 또는 용역에 착수하지 않거나, 기한 내 완공 또는 물품 완납을 하지 못하는 등의 사유가 있는 경우에는 계약의 해제·해지가 가능합니다.

일반적으로 계약상대자의 계약불이행으로 계약의 해제·해지가 발생하지만, 발주기관의 사정 변경, 사업계획 취소 등의 경우에는 계약상대자가 계약의 해제 또는 해지를 청구할 수도 있습니다.

지체상금이 계약보증금 상당액에 달한 때에는 계약을 해제·해지할 수 있는데, 이때는 지체상금 약정에 따른 지체상금은 계약보증금으로 충당할 수 있고, 만약 계약보증금을 초과한 지체상금을 배상한다는 규정이 있는 경우에는 초과하는 부분에 대하여는 계약보증금과 별도로 지체상금을 구할 수 있을 것입니다(대법원 1999.8.20. 선고 98 다 28889 판결).

■ 부정당업자 제재

경쟁입찰에 있어 입찰자간에 서로 담합을 하였거나, 계약이행을 부당하게 하였거나, 부정한 행위 등을 한 자에 대해 정부가 실시하는 입찰에 일정기간 참여할 수 없도록 하는 제도입니다.

제재기간은 1개월 이상 2년 이하인데, 당초 제재기간의 1/2범위 내에서 경감이 가능하지만, 감경하더라도 제한기간은 최소 1월 이상이어야 합니다.

법인 및 대표자에 대해서도 제재를 가하는 쌍벌주의이며, 법인양도 등의 경우 동질성이 인정될 경우 그 효력이 승계됩니다.

부정당업자 제재를 받은 경우 나라장터 통보 의무화로 실시간 활용이 가능하므로 다른 기관은 모르리라는 상상은 절대, 절대로 하지 마세요.

장기계속계약에서 계약이행 중 입찰참가자격 제한을 받은 경우에는 해당 장기계속계약을 이행할 수 있도록 개정되었음도 참고하시기 바랍니다.

'14.11.4 부정당업자 제재 과징금 제도가 생겼는데요. 국가계약법 제27조의2에 부정당업자 입찰참가자격 제한에 갈음하여 과징금을 부과할 수 있는 제도가 있습니다.

부정당업자의 위반행위가 예견할 수 없음이 명백한 경제여건 변화에 기인하는 등 부정당업자의 책임이 경미한 경우에 해당됩니다.

그 경우란 천재지변이나 그 밖에 이에 준하는 부득이한 사유로 인한 경우, 국내·국외 경제 사정의 악화 등 급격한 경제 여건 변화로 인한 경우, 발주자에 의하여 계약의 주요 내용이 변경되거나 발주자로부터 받은 자료의 오류 등으로 인한 경우, 공동계약상대자나 하수급인 등 관련 업체에도 위반행위와 관련한 공동의 책임이 있는 경우, 입찰의 공정성과 계약이행의 적정성이 현저하게 훼손되지 아니한 경우로서 부정당업자의 책임이 경미하며 다시 위반행위를 할 위험성이 낮다고 인정되는 사유가 있는 경우 등입니다.

또한 입찰참가자격 제한으로 유효한 경쟁입찰이 명백히 성립되지 아니하는 경우인데, 이때는 입찰자가 2인 미만이 될 것으로 예상되는 경우가 해당됩니다.

한편, 과징금을 부과하려면 국가계약법 시행령 제27조의3에 따른 기획재정부 과징금부과심의위원회의 의결을 거쳐야 한답니다.

⑫ 검사 · 검수

계약상대자는 납품에 필요한 제반 준비사항을 완료한 후에 서면으로 수요기관에 검사 · 검수를 요청하고 필요한 검사를 받습니다.

검사는 계약목적물이 관련 법령에 의거 적합하고 구매규격 · 시방서대로 제조 · 설치되었는지 여부를 확인하는 것을 말합니다. 기성부분에 대한 대가를 지급하거나 계약 이행이 완료된 때에는 설계서, 계약서 등 관계서류에 의하여 검사를 받습니다.

검사는 검사요청을 받은 날로부터 14일 이내에 하여야 합니다.

검수는 검사에 합격된 계약목적물이 손상 또는 훼손품이 없고 납품서류상의 수량대로 납품되었는지 여부를 물품출납공무원이 확인하는 것을 말합니다.

물품을 인수한 수요기관에서는 물납영수증을 발급하며, 계약조건에 따른 유보금 및 공채매입 여부 등 대금지급 시 참고할 내용을 부기하여 발급합니다.

⑬ 대가 지급

수요기관은 검사 · 검수가 완료되면 나라장터에서 물납영수증을 발행합니다. 계약상대자는 나라장터에서 물납영수증, 4대 보험 완납증명서 등의 서류를 첨부하여 대금청구서를 작성, 송신함으로써 조달청(대지급) 또는 수요기관(직불)을 상대로 한 대금청구 업무가 끝나게 됩니다.

그러면 조달청(수요기관)은 물납영수증, 국세 및 지방세 체납 여부, 4대 보험 완납증명서를 확인함은 물론, 대금청구서의 제반 기재 사항, 계약물품의 규격 및 수량, 납품기한과 실제 납품일, 하자보수보증금 적립여부, 계약상대자에게 지급될 금액에 관한 사항 등을 확인 후 대금을 지급합니다.

납품대가는 국가계약법 시행령 제58조제1항 및 제2항에 따라 검사를 완료한 후 계약상대자의 청구를 받은 날부터 5일 이내에 지급하도록 되어 있습니다. 조달청은 위 대가지급 기한에도 불구하고 계약상대자가 유효한 서류를 갖추어 대가청구를 하는 경우에는 4근무시간 내에 지급하고 있답니다. 굉장히 고마운 일입니다.

기성대가는 부분적인 완성에 대해 지급하는 대가로, 30일마다 받을 수 있습니다.

한편 대가지급이 지연되었을 때에는 대가지급 지연일수에 대한 이자를 지급한다고 하니 잘 챙겨 봐야겠습니다.

14 계약종결

각 지방조달청 경영관리과장 등은 해당 계약부서에서 지급을 의뢰한 계약종결서류를 확인한 후, 기성 또는 기납부분에 대한 대가 지급액, 선금잔액, 지체상금 징수대상액, 지급유보 대상액 등을 공제하고, 하자보수보증금 납부 현황 등을 체크한 후 계약상대자에게 대금을 지급합니다.

물품의 설치, 시운전 등 물품의 성질 상 하자보수보증이 필요하다고 인정되는 경우에는 물품별 하자담보책임기간을 정하고 계약상대자로 하여금 계약금액의 100분의 5에 해당하는 하자보수보증금을 납부하게 할 수 있습니다.

하자보수보증 조건으로 계약을 체결하고자 하는 경우에는 구매결의 및 입찰공고서에 하자보수보증 조건임을 표시하여야 합니다.

5장

조달업무 첫걸음
입찰참가자격 등록

천 리 길도 한 걸음부터

예나 지금이나 시작의 중요성은 아무리 강조해도 지나치지 않습니다. 아래의 몇 가지 고사만 보더라도 미루어 짐작할 만합니다.

자사子思의 중용中庸에 등고자비登高自卑라는 말이 있는데, 높은 곳에 올라가려면 낮은 곳에서부터 올라가야 한다는 뜻입니다. 일을 하는 데는 반드시 차례를 밟아야 한다는 말이죠.

노자老子의 도덕경道德經에 나오는 구층지대 기어누토九層之臺 起於累土는 9층탑도 한 줌 흙더미에서부터 시작된다는 의미이고, 천리지행 시어족하千里之行 始於足下는 천 리 길도 한 걸음부터라는 말입니다.

순자荀子의 권학편勸學篇에 있는 규보불휴 파별천리跬步不休 破鼈千里는 느려도 쉬지 않고 걸으면 절름발이 자라일지라도 천 리 길을 갈 수 있다는 말이고, 부적규보 무이지천리, 부적소류 무이성강하不積跬步 無以至千里, 不積小流 無以成江河는 발걸음을 쌓지 않으면 천리에 이르지 못할 것이요, 적게 흐르는 물이 모이지 않으면 강과 바다를 이루지 못한다는 말이니 어찌 그 출발이 중요하지 않겠습니까?

어떤 사람이 남의 3층짜리 정자를 보고 샘이 나서 목수를 불러 정자를 짓게 하는데, 1층과 2층은 짓지 말고 아름다운 3층만 지으라고 했다는 웃지 못 할 이야기도 있습니다.

우리는 현명하므로 1층부터 짓기로 합니다.

여러분께서는 이미 그 시작을 하였으니 반환점은 훨씬 더 지나온 것 같습니다. 우리는 앞서 공공조달에 대한 이해와 자주 쓰는 조달용어 및 정부계약제도 일반, 일반적인 구매절차를 통해 어느 정도 조달업무에 친숙해졌으리라 생각됩니다. 그러나 아직 조달업무에 대한 갈증은 풀지 못했지요. 오히려 궁금한 것이 더 많아졌을 것 같습니다.

그렇습니다. 아는 만큼 모르는 부분도 더 많아지거든요.

그러나 실망하지 말고 저를 잘 따라 오세요.

저만치에 목을 축일 수 있는 시원한 옹달샘이 기다리고 있습니다.

이제부터는 조달업무 첫 관문인 입찰참가자격 등록에 대해서 살펴보겠습니다. 그리고 이후에는 각종 구매제도와 지원제도 등에 대해서 살펴보기로 합니다.

자, 이제 출발해 볼까요? Go for it.

입찰참가자격 등록

① 의의

입찰참가자격 등록은 물품, 용역, 공사 등의 해당 분야별로 등록에 필요한 자격요건을 갖춘 업체의 자격을 수시로 심사하고 등록하도록 함으로써 나라장터를 이용하는 공공기관의 효율적인 입찰업무 집행을 지원하는 데 그 의의가 있습니다.

나라장터에 1회 등록만으로 어느 기관의 입찰에나 참가가 가능하므로 업체 입장에서는 아주 편리한 제도가 되었습니다. 예전에는 입찰에 참여할 때마다 입찰참가자격 등록을 해야 했으므로 엄청 번거롭고 불편했었습니다.

② 관련 법령

국가계약법 시행령 제12조에서 각 중앙관서의 장 또는 계약담당공무원은 일정요건을 갖춘 자에 한하여 경쟁입찰에 참가하게 하여야 한다고 규정하고 있습니다.

그 일정요건은 다른 법령의 규정에 의하여 허가·인가·면허·등록·신고 등을 요하거나 자격요건을 갖추어야 할 경우에는 당해 허가·인가·면허·등록·신고 등을 받았거나 당해 자격요건에 적합하여야 합니다. 보안측정 등의 조사가 필요한 경우에는 관계기관으로부터 적합판정을 받을 것이 요구됩니다. 기타 기획재정부령이 정하는 요건에 적합할 것도 요구하고 있습니다.

또 국가계약법 시행규칙 제15조에는 각 중앙관서의 장 또는 계약담당공무원은 경쟁입찰 업무를 효율적으로 집행하기 위하여 미리 경쟁입찰참가자격의 등록을 하게 할 수 있다고 되어 있습니다. 더불어 각 중앙관서의 장 또는 계약담당공무원은 등록을 받은 경우에는 나라장터에 게재하여야 하고, 이 경우 나라장터에 게재된 등록사항은 다른 중앙관서의 장 또는 계약담당공무원에게도 등록한 것으로 본다고 되어 있습니다.

③ 등록 현황

그러면 얼마나 많은 기업들이 등록해 있을까요? 다음 표의 최근 5년간 등록현황을 살펴봅시다..

구 분		'14년	'15년	'16년	'17년	'18년
합 계(중복포함)		384,994	421,276	458,220	493,441	530,771
중소기업 및 비영리법인	소 계	379,927	417,380	453,339	488,464	526,303
	내 자	166,766	187,719	208,154	228,182	249,114
	외 자	6,212	6,567	6,813	7,023	7,261
	시 설	85,186	88,456	91,072	94,486	98,192
	서비스	120,472	133,164	145,640	157,006	169,951
	비 축	892	1,000	1,141	1,206	1,221
	국 외	399	474	519	561	564
상호출자 제한기업 및 중견기업	소 계	5,067	3,896	4,881	4,977	4,468
	내 자	2,000	1,612	2,047	2,112	1,866
	외 자	148	118	144	154	138
	시 설	974	813	900	865	832
	서비스	1,923	1,335	1,766	1,823	1,609
	비 축	22	18	24	23	23
	국 외	0	0	0	0	0

전체적인 조달기업 등록현황(중복 포함)을 살펴보면, '18년 말 기준 53만개 이상의 기업이 등록되어 있습니다. 많은 기업들이 등록되어 있죠?

세부적으로 살펴보면 내자와 서비스분야의 등록업체수가 전체의 3/4을 넘는 비중을 차지하고 있음을 알 수 있습니다.

이를 다시 사업별(내자, 시설 등) 중복을 제외한 순 조달업체 수로 분류해 보면 아래와 같은데 중소기업이 97%를 넘고, 여성 기업이 20%를 넘고 있습니다.

구 분	'14년	'15년	'16년	'17년	'18년
합 계(a)	293,418	320,983	348,069	373,833	400,915
중소기업(b)	284,541	311,971	337,541	362,872	389,154
비율(b/a)(%)	97.0	97.2	97.0	97.1	97.1
중견기업	2,127	1,294	2,129	2,292	1,840
상호출자제한기업		871	773	694	701
비영리법인 등 기타	5,831	6,763	7,626	7,975	9,220
여성기업수(c)	56,075	63,059	70,766	76,661	86,076
비율(c/a)(%)	19.1	19.6	20.3	20.5	21.5

④ 등록기준 등

■ 등록 기준

물품의 경우 공급업체는 등록신청서, 관련되는 허가 · 인가 · 면허 · 등록 · 신고 등을 증명하는 서류에 의합니다. 제조업체는 제조업체임을 증명하는 공장등록증 등의 증빙서류에 의합니다.

■ 등록 유효기간

등록일로부터 3년간을 원칙으로 하며, 당해 허가 · 인가 · 면허 · 등록 · 신고 등에 유효기간이 있는 경우와 등록서류 및 관련 서류에 유효기간이 있는 경우에는 그 기간을 유효기간으로 합니다.

■ 등록정보의 이용

나라장터에 게재된 조달업체 정보는 각 이용기관의 장 또는 계약담당공무원에게도 등록한 것으로 간주하며, 공공기관의 담당자는 시스템을 통하여 해당업체의 입찰참가자격을 확인합니다.

자체조달시스템을 운용하는 방위사업청, 한국토지주택공사, 한국도로공사 등의 공공기관도 나라장터의 등록정보를 준용하여 입찰참가자격을 부여합니다.

⑤ 등록절차

개인사업자는 당해 사업에 관한 사업자등록증상의 사업장을 기준으로 하나의 사업장만 등록합니다. 법인사업자는 법인등기부등본 및 사업자등록증상의 본사 소재지를 기준으로 등록하되, 필요한 경우 지사도 등록이 가능합니다. 등록신청서는 나라장터를 통해 연중 수시로 접수가 가능합니다.

다음의 등록절차도를 보시면 쉽게 이해할 수 있을 것입니다.

등록절차도

조달업체	조달청
1. 공인인증서 발급 (공인인증기관)	
⇩	
2. 입찰참가자격 등록신청 (나라장터) ⇨	3. 자격요건 확인
	⇩
5. 등록 진행현황 조회 ⇦	4. 입찰참가자격 등록
⇩	
6. 인증서, 사용자정보 등록	
⇩	
7. 로그인	
off-line용 인감등록, 변경등록 ⇨	자격요건 확인 후 등록

■ 범용인증서 발급 및 지문보안토큰 구매

아래의 공인인증기관 중 한 곳에서 전자거래 범용인증서(컴퓨터 파일)
및 지문보안토큰(출력물)을 구매합니다. 이때 인증서 및 지문보안토큰에
대한 문의는 해당 발급기관에 문의하면 됩니다.

- 코스콤 (www.signkorea.com) : 1577-7337
- 한국무역정보통신 (www.tradesign.net) : 1566-2119
- 한국전자인증 (www.crosscert.com) : 1566-0566
- 한국정보인증 (www.signgate.com) : 1577-8787

수의계약 등 지문등록이 불필요한 경우도 있어 지문보안토큰 구매가 의
무사항은 아닙니다. 그러나 경쟁입찰 시에는 지문등록을 하여야 하므로
인증서 구입 시 지문보안토큰까지 같이 구매하는 것이 편리합니다.

■ 입찰참가자격 등록신청

신청은 나라장터에 접속하여 우측 상단의 신규이용자등록 → 조달업체이
용자 → 조달업체이용자 등록 → 입찰참가자격 등록신청 메뉴에서 자기 회
사에 해당되는 항목을 선택적으로 입력한 후 송신 버튼을 누르면 됩니다.

신청 후에는 시행문출력을 클릭하여 출력된 시행문의 주의사항을 잘 살
펴본 후 출력된 시행문에 관련 제출서류를 기재하여 해당 지방청 고객지

원센터에 등기우편 또는 방문 제출하면 됩니다. 이때 팩스나 이메일로는 제출이 안 된다는 점을 주의해야 합니다.

조달청	대전광역시 서구 청사로189, 3동(조달청)
서울지방조달청	서울특별시 서초구 반포대로 217(반포동)
부산지방조달청	부산광역시 북구 금곡대로 506-17(금곡동)
인천지방조달청	인천광역시 중구 아암대로 90(신흥동3가)
대구지방조달청	대구특별시 달서구 이곡공원로 54(이곡동)
광주지방조달청	광주광역시 북구 첨단과기로208번길 43, 805호(오룡동)
대전지방조달청	대전광역시 서구 배재로 123(도마동)
경남지방조달청	경상남도 창원시 상남로 231(신월동)
강원지방조달청	강원도 춘천시 칠전동길 28(칠전동)
충북지방조달청	충청북도 청주시 가로수로 1257(복대동)
전북지방조달청	전라북도 전주시 백제대로 709(인후동2가)
제주지방조달청	제주특별자치도 제주시 청사로 59, 222호(도남동)

이때 제출서류가 사본인 경우에는 제출서류 여백에 '사실과 상위 없음'이라고 기재한 후, 법인인 경우 법인인감도장을 개인인 경우 대표자 인감도장을 날인하여 제출하고, 최근 3개월 이내에 발급된 인감증명서도 같이 제출하면 됩니다.

이때 접수방법, 접수 확인·제출서류 확인·조달청 방문여부 확인, 기타 등록에 관한 문의는 조달청 콜센터를 이용하면 됩니다.

나라장터에 대한 문의는 ⇒ 1588-0800(조달청 콜센터)

■ 입찰참가자격 등록

제출서류가 있거나 제출서류가 없어도 직접생산증명서를 통해 제조물품으로 등록하는 경우에는 해당 지방청 고객지원센터에서 검토 후 처리합니다. 그 외 제출서류가 불필요한 경우에는 조달청 콜센터에서 처리합니다.

등록신청 후 승인여부는 나라장터 → 신규이용자등록 → 조달업체이용자 → "등록신청 확인 및 시행문출력"에서 확인하면 됩니다.

■ 지문 등록

입찰참가자격 등록 승인여부를 확인하여 승인되었으면 가까운 (지방)조달청을 직접 방문하여 지문보안토큰 수령증(출력물)을 제출하고, 지문보안토큰을 수령하여 지문등록을 하면 됩니다.

이 때 신분증이 필요한데 주민등록증, 운전면허증, 유효기간 이내의 여권이나 주민등록증 발급신청 확인서를 제시하면 됩니다.

입찰대리인에서 대표자로 변경되는 경우에는 기존에 지문토큰기에 지문등록이 되어 있어도 지문을 재등록하여야 함을 유의해야 합니다.

> Q) 본사 직원은 본사에만, 지사 직원은 지사에만 지문등록이 가능한지?
>
> A) 4대보험은 본사와 지사 중 한곳에 가입되어 있어도, 지문등록은 본사와 지사에 각각 등록 가능함

⑥ 인증서 등록

　나라장터에 접속하여 신규이용자등록 → 조달업체이용자 → 인증서관리 → '인증서 신규등록'에서 사업자등록번호로 조회하여 약관동의 등 간단한 절차를 거치면서 인증서를 등록하면 됩니다.

　만약 변경등록하여야 할 경우에는 나의나라장터 → 업체정보관리 → 입찰참가자격변경/제조물품 등록갱신 신청 → 입력 → 송신하면 됩니다.

　그러면 조달청의 고객지원센터 또는 콜센터에서 자격요건을 확인한 후 등록 승인을 해주게 됩니다.

분야별 등록 방법

1 기본사항

사업자등록번호는 사업자등록증상에 기재된 사업자등록번호를 입력하고, '사업자번호중복확인' 버튼을 클릭하여 중복 여부를 확인합니다.

비영리법인이라도 「법인세법 시행령」 제2조제1항에서 규정하고 있는 사업을 영위하는 사업자의 경우에는 고유번호증으로 등록이 가능하고, 그 외의 비영리법인은 사업자등록증으로만 등록이 가능합니다.

> Q) 「법인세법 시행령」 제2조제1항에 해당되지 않는 비영리법인의 경우, 대가에 수익이 포함되지 않고 정관상에 표시된 사업을 하는 경우라도 고유번호증만으로 등록이 가능한지
>
> A) 「법인세법 시행령」제2조제1항의 규정에 해당하지 않는 비영리법인의 경우, 수익발생 여부에 관계없이 계약 등에 의하여 그 대가를 받고 연구 및 개발용역을 제공하는 사업을 영위하는 비영리법인은 수익사업을 영위하는 것이므로 사업자등록증을 교부받아야 함

상호명은 사업자등록증, 법인등기부등본, 인감증명서를 보고 입력하되, 영문상호명은 선택적으로 입력하면 됩니다.

이 때 주의할 점은 주식회사△△△를 ㈜△△△로 등록하면 안 되고, 주식회사△△△로 등록하여야 하며, 법인등기부등본에 한자로 되어 있는 경우에는 한자로 등록하여야 합니다.

◆ 국가종합전자조달시스템입찰참가자격등록규정 제16조(변경등록) ② 등록자가 다음 각 호의 어느 하나에 해당하는 사항이 변경되었음에도 변경등록을 하지 아니하고 입찰에 참가하면 당해 입찰은 시행규칙 제44조제6호의3에 따라 무효가 된다.
1. 상호 또는 법인의 명칭
2. 대표자의 성명(대표자가 여러 명인 경우는 모두를 포함)

◆ 국가계약법 시행규칙 제44조(입찰무효) 영 제39조제4항에 따라 무효로 하는 입찰은 다음과 같다.
6의3. 제15조제1항에 따라 등록된 사항중 다음 각 목의 어느 하나에 해당하는 등록사항을 변경등록하지 아니하고 입찰서를 제출한 입찰
가. 상호 또는 법인의 명칭
나. 대표자(수인의 대표자가 있는 경우에는 대표자 전원)의 성명

산학협력단은 대학교 명의가 아니라 산학협력단 명의로만 등록이 가능합니다. 대학교 부속병원의 경우, 대학교를 본사로 하고 부속병원을 지사로 하여 등록이 가능합니다.

개업년월일은 사업자등록증의 개업년월일을 입력하고, 입찰참가지역코드 및 우편번호는 '찾기'에서 찾아 입력하면 됩니다. 주소의 경우 개인사업자는 사업자등록증의 사업장 소재지, 법인사업자는 법인등기부등본에 적혀 있는 본점을 입력하고, 전화번호와 팩스번호는 입찰업무 담당자의 전화 및 팩스번호를 입력하되 전화번호는 필수적으로 입력하여야 합니다.

종업원 수는 각 지방 고용노동청에 고용보험료를 내는 직원의 수를 입력하고, 홈페이지는 홈페이지가 있는 경우에 입력합니다.

기업구분은 원호기업, 공익단체, 창업벤처, 조합, 새마을공장, 문화상품, 사회적기업 등을 선택 입력하되, 아무것도 해당되지 않을 경우에는 '없음'을 선택하면 됩니다.

이때 원호기업은 국가보훈처로부터 지정받은 물품을 공급하는 협회 및 업체가 해당되는데, 여기에는 국가보훈처장이 지정하는 국가유공자 자활용사촌, 「국가유공자 등 단체 설립에 관한 법률」 제17조2제5항에 의한 협회,「대한민국재향군인회법」 제4조의2항에 의한 협회, 기타 국가보훈처장이 지정하는 단체 등이 있습니다.

공익단체는 「직업안정법 시행령」 제14조제3항에 따른 법인이 아닌 단체 중 그 설립에 관하여 행정기관의 인·허가를 받았거나 행정기관에 신고를 한 단체로서 활동의 공공성·사회성이 인정된 단체나 「부가가치세법」 제39조에 따른 주무관청의 허가 또는 인가를 받거나 주무관청에 등록된 단체로서 「상속세및증여세법 시행령」 제12조 각호의 1에 규정하는 사업을 하는 단체가 해당됩니다.

창업벤처는 기술보증기금, 중소기업진흥공단, 한국벤처캐피탈협회에서 발행한 창업·벤처 증명서가 있는 경우에 가능합니다.

조합은 「중소기업협동조합법」에 의한 협동조합, 사업협동조합, 협동조합연합회, 협동조합중앙회 등 법인만 해당되고, 협동조합 설립신고필증 등이 필요합니다.

새마을공장은 「농어촌정비법」에 의하여 농공단지에 입주한 업체가 해당되고, 문화상품은 인간문화재 및 장인이 생산한 전통공예품을 조달청에 조달품목으로 지정·공급하고자 하는 사업자여야 되며, 사회적기업은 고용노동부로부터 사회적기업 인증서를 받은 자 등이 해당되는데, 예비사회적기업 지정서는 해당되지 않습니다.

국적은 '찾기'에서 대한민국을 선택하고, 법인등록번호, 법인설립일자, 자본금은 법인등기부등본에 있는 등록번호, 회사설립연월일, 자본의 총액을 입력합니다.

비영리법인의 법인등록번호는 관련부처의 허가번호를 기재합니다(예, 보건복지부 2017-000호). 관련부처에서 받은 증명서가 없는 경우에는 세무서가 발행하는 "법인으로보는단체의국세에관한의무이행자지정통지서"를 제출하고 기재하면 됩니다.

업무구분은 물품, 공사, 용역, 일반용역, 외자 중에서 해당란에 체크하고, 외자의 경우에는 사업자등록증에 기재된 종목(무역업, 수(출)입업, 무역대리업, 물품매도확약서발행업, 오퍼업, 수입대행 등)을 입력하면 됩니다.

② 대표자 정보

대표자 성명, 주민등록번호는 사업자등록증, 법인등기부등본, 인감증명서의 대표자 성명 및 주민등록번호를 입력하되, 공사·용역의 경우에는 허가·인가·면허·등록·신고증 또는 등록수첩상의 대표자와 일치하게 입력하여야 합니다.

대표자 여부에는 Yes 또는 No에 체크합니다. 대표자가 여러 명일 경우에는 모두 기재(공동대표, 각자대표)하되, 개인사업자는 사업자등록증, 법인사업자는 사업자등록증과 법인등기부등본을 기준으로 입력합니다.

기타 E-mail과 핸드폰번호는 반드시 입력하고, 외국인대표여부는 대표자가 외국인일 경우에만 체크합니다.

Q) 법인등기부등본상에만 변경하고 사업자등록증에는 변경하지 아니한 경우

A) 법인등기부등본상의 대표자, 상호, 주소만 이전되면 사업자등록증상 이전이 되지 않았더라도 변경된 것으로 입찰등록이 가능함

Q) 대표자가 변경된 후에 종전 대표자명의 입찰은 무효

A) 국가기관이 시행하는 공사입찰에 있어 입찰참가자가 법인일 때에는 입찰참가등록일 당시의 법인등기부상의 대표자 명의로 입찰을 수행하여야 입찰참가자격이 인정될 것이므로 대표자 명의가 변경된 후에도 종전 대표자 명의로 입찰을 수행하였다면 입찰참가자격이 없는 자가 한 입찰로써 무효에 해당될 것임

Q) 자기가 속하는 법인과 개인업체 양 업체 명의로 입찰서를 제출한 경우

A) 국가기관이 시행하는 경쟁입찰에 있어서 법인의 대표이사인 사람이 개인명의로 사업체를 영위하면서 동일한 경쟁입찰에 법인과 개인업체 양자의 명의로 직접 참가한 경우뿐만 아니라 서로 다른 제3자에게 대리케 하여 참가한 경우에도 동일사항에 동일인이 2통 이상의 입찰서를 제출한 입찰로 보아 무효로 하여야 함.

Q) 대표자가 동일인인 두 법인의 입찰은 무효

A) 국가기관이 시행하는 공사입찰에 있어서 대표자가 동일인인 두 법인이 1건 입찰에 동시 입찰(대리인을 통한 입찰 포함)하는 경우에는 국가계약법 시행규칙 제44조제4호의 동일사항에 동일인이 2통 이상의 입찰서를 제출한 입찰로 보아 무효처리

③ 공급물품

품목명은 사업자등록증에 기재된 업태(도소매업, 서비스업 등), 종목을 확인하여 '물품찾기'에서 찾아 선택하고, 이어서 물품분류번호를 입력한 다음, 대표물품 여부는 Yes 또는 No에 체크합니다.

④ 공장정보

공장정보는 제조업체만 입력하되, 공장명, 우편번호, 주소를 입력하고, 전화번호와 팩스번호는 선택적으로 입력합니다.

공장임대 여부는 자가 또는 직접생산증명서류/임대 중에서 선택하되, 임대일 경우에는 임대기간을 입력합니다.

이때 직접생산확인증명서는 생산업체명, 사업자번호, 대표자성명, 소재지(본사, 공장) 등 기재 여부를 꼼꼼히 확인하고, 임대차계약서는 주소, 임차기간, 임차인, 법인(주민)등록번호 등 기재여부를 확인하여야 합니다.

또한 한국산업단지공단 또는 지방자치단체에서 발급하는 공장등록증은 회사명, 대표자성명, 법인(주민)등록번호, 공장소재지, 보유구분, 공장의 업종(분류번호) 등이 사업자등록증 및 법인등기부등본과 일치하는지를 잘 살펴보아야 합니다.

⑤ 제조물품(직접생산용역)

먼저 물품분류명은 '물품찾기'에서 찾아 선택한 후 물품분류번호를 입력합니다. 이때 관계기관의 형식승인이 있을 경우에는 형식승인번호, 형식승인기관, 형식승인일을 입력합니다.

제조여부는 '제조물품확인서 및 납품실적증명서'를 클릭하여 해당 사항을 입력합니다.

제조증명서류는 직접생산증명서류/공장등록증/건축물관리대장(직접생산확인신청서)/생산(제조)인가·허가·등록증 중에서 선택합니다.

중소기업자간 경쟁물품인 경우에는 직접생산확인증명서에 의해 등록합니다. 중소기업자간 경쟁물품이 아니면 해당 공장등록증에 의해 등록하는데 공장등록증에 해당 산업분류번호가 없는 경우에는 공장등록증에 해당 산업분류번호를 추가로 등록한 후 진행하되, 통계청에서 제공하는 산업분류번호 해설을 참고합니다.

건축물관리대장에 의한 등록은 제조물품의 직접생산확인 대상 물품의 경우와 같이 진행합니다. 제조물품의 직접생산확인은 최근 3년 이내 납품실적이 없는 경우 공장등록증, 공장면적이 500㎡ 이하인 경우 건축물관리대장으로 확인합니다.

Q) 500㎡ 이상의 사업장에서 500㎡미만을 임차 사용시, 실제임차면적을 기준으로 적용

A) 건축물관리대장상 500㎡이상 규모의 사업장에서 실제 500㎡미만을 임차하여 사용 중인 사업자의 경우에는 건축물관리대장의 면적을 기준으로 하지 않고 임대차계약서 등을 근거하여 실제 임차면적을 기준으로 적용함이 타당(중소벤처기업부)

생산(제조) 인가·허가·등록증에 의한 등록은 해당 인·허가증과 사업자등록증, 법인등록번호 및 나라장터 정보가 일치하는지 확인하여야 합니다.

주로 의약품 및 의료기기, 사료업 등에 한정되어 있는데, 의약품 제조판매 품목허가증(식약처 발급), 의료기기 제조 허가증(식약처 발급), (보조)사료제조업등록증(자치단체 발급) 등이 예가 되겠습니다.

또한 의약품 및 의료기기의 경우 인·허가증상 분류번호(등급)와 식약처 분류번호의 일치여부를 확인하여야 합니다.

식약처 분류번호는 목록정보시스템 → 품명검색 → 품명해설 → 식약처 분류번호에서 확인합니다.

아울러 의약품은 신고수리 대상으로 허가증이 필수이나, 의료기기는 1등급의 경우 신고등록 대상으로 '12.4.8 이후 허가증 발급을 안 합니다. 의료기기는 1등급 → 2등급 → 3등급으로 갈수록 상위등급이며, 1등급은 하위등급으로 신고·등록만 하고, 2등급 이상인 경우에 허가증을 발급받아야 합니다. 1등급의 경우, 식약처 홈페이지에서 확인(식약처 홈페이지 → 전자민원창구 → 정보마당 → 제품정보에서 업체검색)이 가능합니다.

또한 물품제조사실확인서(직접생산신고서), 생산설비, 생산공정 - 현장

사진첨부, 납품실적증명서(전자세금계산서, 거래명세서)는 "품명별 직접생산확인 기준표"를 출력, 이를 참고로 제출하면 됩니다.

품명별 직접생산확인 기준표가 없는 경우, 조달품질원에 기준표 작성을 의뢰해서 기준표가 마련된 후 나라장터에 등록하여야 합니다.

유효기간은 카렌다단추를 클릭하여 시작과 끝나는 날을 입력하되, 제조증명서류가 공장등록증, 건축물관리대장으로 공장이 자가이면 유효기간을 1111111-1111111로 입력합니다.

납품실적증명서는 Yes 또는 No에 체크합니다.

공장의 업종은 공장등록증에 등재되어 있는 해당물품에 대한 분류코드를 '물품찾기'에서 찾아 선택합니다.

발급기관명과 증서명을 반드시 입력하고, 공장형태는 자가나 임대 중에서 선택합니다.

전자세금계산서

모든 법인사업자는 사업규모에 관계없이, 개인사업자는 직전연도 사업장별 과세분 공급가액이 3억 원 이상이면 의무적으로 발행

---

6 공사 · 용역 · 기타업종

공사 · 용역 · 기타업종은 신청업종에 대한 증빙서류(신청업종의 인가증, 허가증, 면허증, 등록증, 신고증 등) 사본을 제출하는데 법인등기부등본상

에 등재되어 있는 지사 및 지점명으로 발행된 등록수첩 또는 허가·인가·면허·등록·신고증도 본사의 업종으로 인정된다는 점을 알아두면 좋겠습니다. 이때 신청업종의 등록수첩이 있는 경우, 해당수첩도 제출하는데 등록수첩에는 시공능력평가액이 백만 원 이상만 기재되어 있으므로 백만 원 미만의 금액도 나라장터에 등록하고 싶을 때에는 관련 협회의 시공능력평가확인서를 제출하면 됩니다.

아울러 '~용역'으로 끝나는 업종 또는 기타자유업종[예, 학술, 연구용역(1169), 건물(시설)관리용역(1260), 기타자유업종(9999)]은 사업자등록증 [종목]란에 용역명 또는 유사명이 등재되어 있어야 하며, 별도의 제출서류는 없습니다.

◆ **산업디자인전문회사(종합디자인분야)(4444)**

한국디자인진흥원이 발급하는 산업디자인전문회사 신고확인증을 제출하여야 하며, 사업분야에 "종합"이라고 기재되어 있지 않아도 "시각·포장, 제품, 환경, 멀티미디어 분야 중 3분야 이상 기재시 "종합"으로 등록 가능

▷ **산업디자인진흥법 시행규칙**

제9조(산업디자인전문회사의 신고 등) ①법 제9조제1항에서 산업통상자원부령이 정하는 기준이라 함은 다음 각 호를 말한다.
1. 당해 회사가 다음 각 목의 전문분야별로 산업통상자원부장관이 정하는 전문인력을 3인 이상 보유하고 있을 것, 다만, 마목의 경우에는 9인 이상으로 한다.
   가. 시각포장디자인분야
   나. 제품디자인분야
   다. 환경디자인분야
   라. 멀티미디어디자인분야
   마. 종합디자인분야(가목 내지 라목의 분야 중에서 3개 이상의 분야에 해당하는 경우를 말한다)

참고로 A라는 업종이 B라는 업종을 포함할 경우, B업종으로 제한된 공고에 A업종으로 등록한 업체도 투찰이 가능합니다. 예를 들어 의약품판매업(의약품도매상, 5307)은 의료기기판매업(5312)을 포함하므로 의약품판매업(의약품도매상, 5307) 업종 보유 시 의료기기판매업(5312)으로 업종 제한된 공고에 투찰이 가능합니다.

한편, 원가계산용역기관 인증서(사단법인 한국원가관리협회), 원가계산용역기관 등록증(사단법인 지방계약원가협회), 원가계산용역기관 자격요건 심사 결과통보서(한국원가공학회) 중 1개의 증명서를 보유하면 등록이 가능합니다.

7 입찰대리인

입찰대리인 증빙서류는 임원의 경우 재직증명서와 법인등기부등본이 필요하고, 직원의 경우에는 재직증명서와 4대보험 가입증명서 또는 소득세 납부증명서가 필요합니다.

재직증명서는 입찰참가자격등록증에 등록되어 있는 사용인감으로 날인하여 제출하거나, 법인(개인)사업자는 법인(대표자) 인감도장을 날인하고 최근 3개월 이내에 발행한 법인(대표자) 인감증명서를 제출하면 됩니다.

4대보험 가입증명서는 4대보험 가입자 가입내역 확인서, 4대사회보험 사업장 가입자 명부, 국민연금 가입자 가입증명, 건강보험자격득실확인서, 건강보험 사업장 가입자명부, 산재보험 근로자 고용정보 확인서 등을 제출하면 됩니다.

또한, 건강보험 자격확인(통보)서는 상호명은 없으나 사업자번호가 있어 제출이 가능하지만, 국민연금가입자증명서(홈페이지 발급용)은 상호명이 기재되어 있지 않아 인정되지 않으므로 유의해야 합니다.

> Q) 4대보험 가입되어 있지 않은 가족은 입찰대리인 등록 불가
>
> A) 영세 개인사업자(특히 1인 영세사업자)의 경우 입찰대리인 자격을 충족시킬 수 있는 자가 극소수 이거나 없어 대표자가 직접 입찰업무를 수행하고 있으므로, 개인사업자의 가족(배우자 등)에 한해서는 입찰대리인으로 등록이 가능한지에 대해 기획재정부에 질의한 바, 「공사입찰유의서」등에 따르면 부정입찰·담합 등을 방지하기 위하여 법인의 임·직원 등 계약이행과 직접 관련이 있는 자에 한해 입찰대리인으로 입찰참여를 허용하고 있으므로 영세사업자라 하더라도 임·직원이 아닌 가족을 입찰대리인으로 인정하기 곤란하다는 기획재정부의 회신이 있었음

소득세 납부증명서는 회사에서 받은 급여와 관련, 해당기관에서 발급받은 소득세 납부 자료를 제출하면 되는데, 예를 들면 세무서에서 발급하는 "소득금액증명원"이 있으며, 증명원에는 신청인 성명, 법인명 등이 명시될 필요가 있습니다.

한편, 1인이 중복하여 2개 이상의 회사에 입찰대리인으로 등록할 수 없고, 부정당업자로 입찰참가자격을 제한받고 있는 자도 대리인으로 지정할 수 없습니다.

산학협력단의 입찰대리인 등록을 위한 증빙서류 중 재직증명서의 경우에는 반드시 산학협력단으로, 4대보험 중 어느 하나 가입증명서는 대학교 소속으로 하여야 등록이 가능합니다.

그리고 입찰대리인 삭제는 사유가 폐업인 경우에는 나라장터에서 국세청과 연계된 폐업정보를 확인 후 처리하고, 퇴사 또는 그 외 부득이한 사유인 경우에는 입찰대리인 삭제 요청 공문과 현재 재직 회사의 4대보험 가입증명서류를 제출 후 처리합니다.

8 지사정보

지사 등록신청은 지사등록이행각서와 법인등기부등본(본사)을 제출하거나, 지사등록이행각서와 정관을 제출하면 됩니다.

이때, 지사등록이행각서는 입찰참가자격등록증에 등록되어 있는 사용인감으로 날인하여 제출하거나 법인인감도장을 날인하고 최근 3개월 이내에 발행한 법인인감증명서를 제출하면 됩니다.

이때 지사(지점)는 법인등기부등본에 표시되고 사업자등록이 된 지사(지점)를 기준으로 판단합니다. 법인등기부등본이 없는 비영리법인 등은 정관을 기준으로 소속 지사(지점)에 해당되는지 판단하면 됩니다. 그리고 지사라는 명칭에 구애받지 않고 영업소, 지회·지부, 연구소 등 본사의 산하 조직에 해당하는 명칭이면 됩니다.

지사는 하나의 법인격인 본사(법인)의 산하기관에 불과하여 본사의 입찰 참가등록증내에 등록하는 것이며, 별도의 독립된 입찰참가자격 등록증은 발급하지 않습니다. 그러나 개인사업자는 지사등록이 불가능하다는 점을 유의하여야 합니다.

지사는 본사가 입찰 등록한 물품(제조, 공급), 용역, 공사 등 본사 등록증 내 기재된 업종의 입찰에 참가가 가능하나, 특별히 지사에게도 다른 법령에서 규정한 인·허가 등의 요건을 입찰참가자격으로 한다면 그러한 요건을 갖춘 지사만이 입찰에 참가가 가능합니다.

또한 주된 영업소(본사)로 제한하는 지역제한 입찰에는 반드시 본사가 입찰에 참가하여야 하므로 지사는 입찰에 참가할 수 없으며, 다만 지사(지점)도 입찰에 참가가능 하도록 공고한 소액수의 견적입찰이나 지역제한을 두지 않는 일반경쟁 입찰에는 참가 가능합니다.

지사의 경우도 입찰대리인을 등록할 수 있으나, 반드시 본사에서 지사 등록이행각서와 지사의 임직원임을 증명하는 서류를 제출하여야 합니다.

또한 지사의 자격으로 입찰에 참가하거나 계약을 하려면 반드시 별도의 공인인증서를 공인인증기관으로부터 발급받아야 합니다.

> **□ 본사와 지사는 같은 입찰 참가 불가**
> 본사와 지사는 동일한 법인이므로 당연히 동시에 동일한 입찰에 참가하는 것은 불가능합니다.

지사가 계약을 불이행한 경우에는 당초 제출한 지사등록이행각서 내용대로 본사가 책임을 부담하고 부정당업자로 제재를 받으며, 이 경우 본사와 지사 모두 입찰참가자격 제한을 받게 됩니다.

또한 입찰에 참여한 지사를 대상으로 적격심사를 하는 경우 지사는 법인(본사)의 소속기관에 불과하고 본사를 대리하여 입찰에 참여한 것이므로 본사의 실적으로 평가함이 타당하다고 봅니다.

⑨ 기타

이미 신청한 것을 취소하고 재신청하는 경우에는 나라장터 로그인 → 나의나라장터 → 업체정보관리 → 등록변경신청 정보조회 및 신청취소 → 하단에 신청취소 → 재신청하면 됩니다.

또한 조달청과 계약하여 납품실적이 있는 경우, 납품실적증명서 발급은 나라장터 → 공통 → 계약실적증명 → 실적증명요청서결과 → 메뉴의 상세에서 출력가능양식 선택 → 출력하면 됩니다.

한편, 사업장 폐쇄나 변경등록의 소홀 등에 따른 무자격 등록자를 정비하기 위하여 일제 갱신등록을 하게 할 수 있으며, 일제 갱신등록기간 중 갱신자격 등록신청을 하지 않는 업체의 등록은 말소할 수 있으므로 유의하여야 합니다.

일제정비 미참여로 등록 취소된 업체가 다시 나라장터에 등록할 경우에는 기존에 등록되어 있는 모든 사항에 대하여 증빙서류를 다시 제출하여야 합니다.

또한 사용인감은 나라장터에 접속하여 로그인한 후 나의 나라장터 → 사용인감등록 및 변경관리에서 등록합니다. 조달청에 직접 방문하거나 등기우편을 이용할 때는 사용인감등록신청서와 인감증명서를 제출하여야 합니다.

6장

類類相從

다수공급자계약제도

도입 배경 및 법적 근거

기존의 총액계약 및 단가계약 제도는 물품의 다양성이 부족하였습니다. 그 결과 수요기관의 선택권이 제한되었던 것이 사실입니다. 이에 따라 고객의 기대에 부응하고자 새로운 구매 패러다임이 필요하게 되었습니다.

한편으로는 품질 저하의 문제점이 지속적으로 나타나 다수의 공급자를 선정하여 선의의 가격경쟁과 품질경쟁을 유도할 필요가 생겼습니다.

이에 2001년에 최저가 순으로 복수의 낙찰자를 선정하는 복수물품공급제도를 도입하였으나, 계약수량이 제한되고, 물품다양성 부족으로 인한 수요기관의 선택권 제한이라는 기존의 한계를 극복하지 못하고 폐지하기에 이르렀습니다.

이와 같은 문제점을 안고 있는 복수물품공급제도를 대체할 새로운 구매방법을 찾기 시작했습니다. 그런 과정에서 미국의 Multiple Award Schedule, 영국의 Framework Agreement, 캐나다의 Standing Offer 등 선진국의 구매 제도를 벤치마킹하였습니다. 그 결과 오늘날의 MAS계약제도가 탄생하게 된 것입니다.

또 조달청은 제조업과 서비스의 융합, 서비스 경제화Service Economy 등을 통해 산업 패러다임이 서비스 중심으로 급속히 재편되는 추세를 반영하여 공공조달시장을 서비스 중심으로 전환하기 위한 기본 방향을 설정하였습니다. 공공구매력을 서비스산업 경쟁력 강화수단으로 적극 활용하고자 하는 노력의 결과입니다.

MAS계약은 조달사업법과 같은 법 시행령에 근거가 마련되어 있습니다.

조달사업법 제5조제1항에 MAS계약을 할 수 있는 특례 조항을 마련해 두었고,

> **조달사업법 제5조(계약의 특례)** ① 조달청장은 각 수요기관에서 공통적으로 필요로 하는 수요물자나 비축물자를 구매·공급하기 위하여 필요한 경우에는 대통령령으로 정하는 계약방법으로 계약을 체결할 수 있다.

조달사업법 시행령 제7조의2제1항에 MAS계약에 대하여 구체적으로 언급하였습니다.

> **조달사업법 시행령 제7조의2(다수공급자계약)** ① 조달청장은 법 제5조에 따라 각 수요기관에서 공통적으로 필요로 하는 수요물자를 구매할 때 수요기관의 다양한 수요를 충족하기 위하여 필요하다고 인정되는 경우에는 품질·성능 또는 효율 등이 같거나 비슷한 종류의 수요물자를 수요기관이 선택할 수 있도록 2인 이상을 계약상대자로 하는 공급계약을 체결할 수 있다.

한편, 관련 규정으로는 MAS계약 업무처리규정(훈령), MAS계약 2단계 경쟁 업무처리기준(고시) 등이 있습니다.

수요기관에 대한 조달서비스 혁신차원에서 MAS계약제도를 도입하고, 적극적으로 운영한 결과 단기간에 제도가 정착되고 활성화되었습니다.

그 결과 '18년말 기준으로 40만개에 가까운 품목을 MAS계약으로 체결하였으며, MAS계약물품이 종합쇼핑몰 전체의 약 83.6%를 차지할 정도로 성장하였습니다. 또한, MAS계약 업체 중 중소기업이 98.0%를 차지할 정도로, 많은 중소기업에게 판로 기회를 제공하고 있기도 합니다.

MAS계약 품목, 업체 수, 공급실적

구 분	'14년	'15년	'16년	'17년	'18년
계약품목 수	326,409	360,964	311,553	342,290	392,753
계약업체 수	5,568	6,216	6,333	6,774	7,605
실적(억 원)	63,577	68,887	75,723	88,040	91,135

최근('18.11.22)에는 공공조달시장에서 고용우수기업이 우대받고 수요기관의 일방적인 납품취소가 금지되는 등 관련 규정을 전면 개정하고 '19.1.1.부터 시행에 들어갔습니다.

제도 개요

　MAS는 각 수요기관의 다양한 수요를 충족하기 위하여 품질·성능·효율 등에서 동등하거나 유사한 종류의 물품을 수요기관이 선택할 수 있도록 다수를 계약상대자로 하는 계약제도입니다.

　납품실적, 경영상태 등이 일정한 기준에 적합한 자를 대상으로 협상을 통해 연간 단가계약을 체결해 놓으면 수요기관이 별도의 계약절차 없이 나라장터 종합쇼핑몰(shopping.g2b.go.kr)에서 직접 필요한 수요물자를 선택하여 구매하는 제도이죠. 이는 전자상거래에 적합한 계약방식으로서, 이미 미국, 캐나다, 영국 등에서 널리 활용되고 있는 제도입니다.

　MAS계약이 가능한 품목은 규격(모델)이 확정되고 상용화된 물품으로서, 연간 납품실적이 3천만 원 이상인 업체가 3개사 이상이고, 업계 공통의 상용규격 및 시험기준이 존재하며, 단가계약이나 제3자단가계약이 가능한 물품이 해당됩니다. 다만, 신기술제품[신제품(NEP) 또는 신제품(NEP)을 포함한 제품, 신기술(NET 등)이 적용된 제품]의 경우 연간 거래실적이 2천만 원 이상인 업체가 2개사 이상이면 됩니다.

　참고로 우리나라와 미국, 영국, 캐나다의 조달제도를 비교해 보면 공통점이 많습니다. 계약형태는 단가계약입니다. 계약상대자가 성능이 향상된 제품으로 대체 공급을 요청하면 국가에 유리할 경우 계약금액 변동 없이 수정계약 체결이 언제든지 가능합니다. 또 가격인하는 계약상대자의 요청에 의하여 언제든지 가능하며, 다량구매 시 할인volume discount행사도 할 수 있습니다.

물론 차이점도 많이 있습니다. 계약기간은 우리나라는 3년인데 미국은 통상 5년, 영국은 3년, 캐나다는 1~5년입니다. 우리나라는 계약수량은 명시하지만 구매수량은 보장하지 않습니다. 다른 나라는 수량을 명시하지 않고, 구매수량도 보장하지 않습니다. 거래품목은 우리가 40만여 품목('16년 7월)에 불과하지만 미국 1,000만 품목, 영국·캐나다는 50만 품목이나 된다고 합니다.

다른 사항은 아래에 표로 정리해 보았습니다.

비교대상	우리나라 (MAS)	미국 (MAS)	영국 (Framework Agreement)	캐나다 (Standing Offer)
가격인상	계약 후 90일 경과, 등락률이 3% 이상일 때	계약 후 12개월 경과, 12개월 이내 3번만 가능	가격 변동이 필요한 경우, 30일전에 통보, 심사	업체의 요청과 PWGSC의 심사 후 인상 가능
가격협상	업체로부터 최고우대가격을 받아 협상	업체로부터 최혜고객가격을 받아 협상	업체 가격자료평가 및 가격증명에 대한 서약서 제출	업체의 Price Certificate로 시장최저가 보장

계약의 특징

MAS계약은 기존의 일반적인 계약들과 다른 여러 가지 특성을 갖고 있습니다. 조달업무의 특성상 주요 축이라고 할 수 있는 수요기관과 조달업체 측면에서 설명하도록 하겠습니다.

먼저, 수요기관 측면입니다.

MAS계약은 수요기관의 선택 폭을 확대함으로써 구매선택권이 보장될 수 있도록 여러 공급자와 계약을 체결하는 것을 대전제로 합니다.

다음으로, 조달업체 측면입니다.

여러 가지 이유로 조달시장 참여를 못하거나 주저하는 기업들이 많이 있었습니다. MAS계약은 이러한 문제를 해결하고자 출발한 제도입니다. 정부조달시장 참여 기회를 보다 많은 기업에게 제공하고자 하는 것입니다. 따라서 기본적으로 적격성평가 결과 결격사유가 없고, 구매입찰공고의 입찰참가자격 요건을 충족하는 모든 업체에게 조달계약 참여 기회를 제공하여 그동안의 문제점으로 지적되어온 진입장벽을 없앴습니다.

업체 간 경쟁을 확대하는 측면도 있습니다. 계약단계에서 뿐만 아니라 납품과정에서도 업체 간 경쟁이 가능하도록 했는데요. 가격 경쟁에서 더 나아가 품질·서비스(A/S)에 대해서도 경쟁할 수 있도록 하였습니다. 계약기간 중 계약상대자가 요청하면 언제라도 가격인하가 가능하고, 가격인상 없이 기존 제품보다 성능이 향상된 신제품으로 대체가 가능하도록 하였습니다.

계약 절차

앞에서 일반적인 구매절차에 대해서 설명한 바 있습니다. 이것과 비교하면서 생각하면 이해가 빠를 것입니다.

MAS계약 절차는 일반적인 계약절차와 약간의 차이가 있습니다.

일반적으로는 주로 수요기관의 조달요청에 의해 구매계획을 수립하는데 비해 MAS는 주로 조달청의 필요성 검토를 시작으로 구매계획을 수립합니다.

그리고 보통 입찰공고서에 명기된 입찰참가자격을 갖춘 자가 입찰에 참여하지만, MAS는 입찰공고서에 명기된 입찰참가자격을 갖출 것은 물론 적격성평가라는 절차가 하나 더 추가됩니다.

또한 일반적인 경우 기초조사금액에 의해 하나의 예정가격이 결정되어 낙찰자를 선정하는 기준이 되지만, MAS는 협상기준가격이 결정되어 가격협상 과정을 거쳐서 계약상대자를 선정합니다.

이제 주요 단계를 중심으로 하나하나 자세히 설명하겠습니다.

① 구매계획 수립

MAS계약은 규격이 확정되고 상용화된 물품으로서 단가계약이나 제3자 단가계약이 가능하고, 경쟁성이 확보됨은 물론 공공기관의 수요가 있는 물품을 대상으로 합니다.

위와 같은 요건을 기본적으로 충족하면서, 해당 수요물자를 제조 또는 공급하고, 연간 거래실적이 업체 당 3천만 원 이상인 업체가 3개사 이상 존재해야 하며, 업계 공통의 규격 및 시험기준이 존재해야 합니다.

구매공고에 없는 물품을 조달청과 MAS계약으로 체결하기를 원할 경우에는 희망물품을 신청할 수 있습니다. 참고로 이 신청제도는 시장조사 기능의 일환으로 이루어지며, 반드시 구매계약을 체결하는 것은 아닙니다.

또한 대상 수요물자를 선정하기 위하여 공공기관 등을 대상으로 모집공고도 할 수 있습니다. 이때는 상용화 여부 및 수요기관 예상 수요량, 거래실례가격 형성 여부 및 가격추이, 경쟁성 여부, 전년도 구매수량, 관련 업체의 현황 등을 조사할 수 있습니다.

② 구매공고 조회

조달청에서는 수요기관 또는 업체의 요청이 있거나 자체적으로 조사한 후 필요성이 인정되면 나라장터 종합쇼핑몰에 구매공고를 합니다.

구매공고 조회는 나라장터 종합쇼핑몰의 "다수공급자 구매공고"에서 해당 물품을 찾아 볼 수 있습니다. 또는 옆의 "더보기" 버튼을 클릭하여 생성된 팝업창의 검색란에 해당 세부품명, 나라장터 물품분류번호, 물품분류명, 공고명, 입찰공고번호 등 선택적으로 입력하고 조회합니다.

해당하는 공고를 찾았으면 입찰공고번호를 클릭해서 나라장터로 이동하고, "공고서 상세보기", "적격성평가 신청서 작성하기" 메뉴 등을 이용하면 됩니다.

③ **적격성평가**

적격성평가는 계약 희망자에 대한 최소한의 검증 절차라고 보면 됩니다. 적격성평가 신청서에 자기평가 및 심사표, 경쟁입찰참가자격증 및 입찰참가자격 충족 서류, 신용평가등급확인서를 첨부하여 제출하면 됩니다. 적격성 자기평가 및 심사표에는 적격성평가에 대한 자가 확인사항이 있는데, 조달청 경쟁입찰참가자격 등록 완료 여부, 구매공고상의 입찰참가자격 충족 여부, 세부품명별로 납품실적이 3건 이상 되는 품목이 1건 이상 되는지 여부, 경영상태가 B- 이상인지 여부, 부도 또는 파산 여부, 협상대상 수요물자 규격서 및 시험성적서 구비 여부 등을 필수적으로 확인하여야 합니다.

한편, 공급업체인 경우 제조업체 공급확약서, 중소기업자간 경쟁품목인 경우 중소기업 확인서 및 직접생산증명서 발급 여부, 조합일 경우 적격조합 확인서 및 조합원사의 계약업무 위임장을 첨부하여 제출하면 됩니다.

적격성평가 신청서 제출일 기준으로 결격사유가 없고 구매입찰공고의 입찰참가자격 요건을 충족하는 경우 적격자로 선정됩니다.

결격사유는 신용평가등급 B- 미만, 부도 또는 파산상태로 당해 계약 이행이 어렵다고 판단되는 경우(단, 법정관리·화의인가 결정 등 법원의 정상화 판결을 받은 경우는 제외)가 해당됩니다.

또한 사전에 나라장터 종합쇼핑몰에서 제공하는 MAS계약 기본교육을 이수하지 않은 자는 적격자로 선정되지 아니함에 유의하셔야 합니다.

적격성평가 업무는 (사)정부조달마스협회에서 처리한 후 해당 계약부서에서 평가 결과를 승인하는 시스템이며, 평가 결과는 나라장터를 통하여 알 수 있습니다.

다음 각 호의 세부품명에 대하여는 적격성 평가를 대신하여 입찰참가자격을 사전 심사하여 다수공급자계약 적격자로 선정될 수 있습니다.

MAS계약 입찰참가자격 사전심사

O 대상품명 : 23개 품명
   - 인조잔디, 체육시설탄성포장재, 어린이놀이시설탄성포장재, 태양광발전장치, 미끄럼방지포장재, 공기살균기, 공기순환기, 합성목재
   - 조경석, 알루미늄제 교량난간, 철제 교량난간, 도막형바닥재, 철제 가드레일, 온수제조기, 정수기, 낙석방지책, 시선유도봉
   - 자연석경계석, 알루미늄제 도로중앙분리대, 철제 도로중앙분리대
O 평가항목 : 납품실적, 기술능력, 경영상태, 만족도, 신인도
O 선정기준 : 최초 공고분(65점 이상), 차기 공고분부터(70점 이상)

---

4 가격협상

■ 대상품목 선정

적격성평가 결과 적격자로 선정되면, 제출한 규격서 등의 서류를 검토하여 가격협상 대상품목이 선정됩니다.

이때 제출한 시험성적서가 규격서에서 정한 시험기준에 미달할 때에는 가격협상 대상에서 배제된다는 점을 유의해야 합니다.

또한, 적격자가 제출한 규격서가 공통상용규격과 상이한 경우에는 해당 품목을 가격협상 대상에서 배제당하며, 업체별 계약 규격수를 초과한 경우에는 이를 초과하지 아니하는 범위 내에서 일부 규격을 가격협상 대상에서 제외하여야 합니다.

가격협상 대상품목을 결정함에 있어 특허 관련 분쟁이 있는 경우, 가격, 규격 또는 공급지역 등이 다른 적격자 또는 계약상대자의 계약품목과 크게 상이하여 MAS계약이 체결되더라도 타 업체 계약품목과의 경쟁이 성립되기 어려운 경우 등에는 협상 대상에서 제외될 수 있습니다.

■ 가격자료 제출

적격자로 선정되면 전자세금계산서를 조달청에 제출합니다. 전자세금계산서는 「다수공급자계약 전자세금계산서 관리기준」에 따라 제출하는 것이 원칙입니다.

이 전자세금계산서 내역을 협상기준가격 작성을 위한 가격자료로 활용하는데, 이 가격자료만으로 협상기준가격 작성이 곤란하다고 판단되는 경우에는 가격자료 제출서, 가격 총괄표, 규격별 거래내역, 가격증빙자료(세금계산서 사본, 계약서 사본, 거래명세표 사본, 원가계산서, 공표가격표 또는 카탈로그 가격표, 매출원장 사본 등) 등의 가격자료를 추가로 요청하므로 잘 준비하여 제출해야 합니다.

MAS계약 전자세금계산서 관리기준

O 허위 또는 부정한 방법의 가격자료 제출 사전 차단과 적정한 가격관리의 목적
O 물품납품일 기준으로 작성하여야 하고, 실제 매출내역과 일치하여야 한다.
O 업체는 '국세청 홈택스 시스템'에서 발급한 전자세금계산서 월별 전체 작성내역을 제출
O 매출내역은 세부품명 및 규격별로 구분하여 품목, 규격, 수량, 단가, 공급가액, 세액, 합계금액 등을 기재

가격자료는 적격성평가 또는 사전심사 결과 통보일 전월을 기준하여 1년간의 거래자료를 규격(모델)별로 제출하는 것을 원칙으로 합니다.

다만, 수요물자의 수명주기 또는 거래빈도 등을 감안하여 이를 조정할 필요가 있다고 판단되는 경우에는 구매입찰공고서에 별도로 기준을 명시하므로 공고서를 잘 보고 준비하면 되겠습니다.

■ 협상기준가격 결정

협상기준가격은 가중평균가격, 최빈가격 중 낮은 가격을 기준으로 결정합니다. 다만, 이 협상기준가격이 거래(구매)실례가격이나 타업체 가격보다 현저히 높은 경우, 거래(구매)실례가격이 없는 경우, 유통구조상 적격자의 거래실례가격으로 협상이 어렵다고 판단되는 경우에는 합리적인 구매를 위해 거래(구매)실례가격, 원가계산가격, 업체제시가격, 유사 거래(구매)실례가격 등을 참고하여 협상기준가격을 정할 수 있으니 이점 유의하시기 바랍니다.

■ 가격 협상

적격성평가 결과 적격자는 가격제안서를 작성, 제출하여야 합니다. 가격제안서에는 입찰보증금 지급각서와 불공정행위 여부 확약서가 포함되어 있습니다. 또한 가격제안 목록에는 일련번호, 물품식별번호, 세부품명, 모델명 또는 규격, 단위, 수량, 단가를 기재하여야 합니다.

가격제안서 작성 시 금액은 부가가치세 등 제세포함가격이며, 대한민국 원화₩로 한글 또는 한자로 표기해야 합니다. 다만, ( )안에 아라비아 숫자를 병기할 수 있습니다. 아라비아 숫자로만 기재한 가격제안서, 가격제안서 금액이 불분명한 경우, 정정한 후 정정 날인을 누락한 경우, 공고조건과 상이한 가격 제안은 무효로 처리하므로 신경 써서 작성하여야 합니다.

가격협상은 제출한 가격제안서에 따라 규격(모델)별로 하는 것을 원칙으로 하되, 수요물자의 특성에 따라 규격(모델)별로 구성요소별 단가의 합계액으로 가격협상을 할 수도 있습니다.

5 계약체결

가격협상이 이루어지면 계약상대자가 되어 국가계약법 시행규칙 제49조에서 정한 기준에 따라 계약을 체결합니다.

이제 모든 과정이 끝난 겁니다. 종합쇼핑몰 등록은 가격협상이 성립되어 계약 체결한 물품 중에서 세부품명 기준으로 계약상대자가 3인 이상인 경우에 합니다. 다만, ① 참여 가능한 계약대상자가 2인뿐인 경우나 ② 계약상대자가 1인뿐인 경우로서, 경쟁업체가 경쟁을 회피할 목적으로 MAS계약에 참여하지 않는 것이 명백하다고 인정되고, MAS계약업무처리규정 제22조제2항에 동의하는 경우에는 구매업무심의회 심의를 거쳐 등록될 수도 있습니다.

또한 종합쇼핑몰에 등록된 계약상대자가 세부품명 기준으로 3인 이상이었으나 계약해지, 거래정지 등으로 2인만 남는 경우에는 종합쇼핑몰 등록을 유지하되, 1인만 남는 경우에는 종합쇼핑몰을 통한 판매가 중지됩니다.

한편, 본체 이외의 추가적인 예비품이나 부속품, 운반거리에 따르는 운반비, 특수한 조건하의 설치비, 기타 부대비용 등 특수한 사항에 대하여 본 계약에 추가하여 옵션계약을 체결할 수 있습니다.

드디어 수요기관은 민간 쇼핑몰에서와 같이 선호하는 조달업체의 제품을 선택, 구매할 수 있습니다.

이제 드디어 계약체결과 쇼핑몰 등록이 끝났습니다. 이제 어디로 가야 할까요? 맞습니다. 각 수요기관으로 가서 영업활동을 펼쳐야겠죠. 이제 제대로 시작되었습니다. 이제부터입니다. All in the same boat.

모두 같이 출발합시다.

6 납품요구

수요기관이 종합쇼핑몰에 등록된 상품을 비교·검색하여 구매하는 단계입니다. 그런데 여기서 특이한 것이 한 가지 있습니다.

수요기관의 1회 납품요구대상 구매예산이 5천만 원(중소기업자간 경쟁제품인 경우 1억 원) 이상인 경우 5인 이상의 계약상대자를 대상으로 가격·품질 등을 겨루는 2단계경쟁을 실시하여 납품업체를 선정하도록 되어 있습니다. 2단계경쟁은 뒤에서 자세히 설명하겠습니다.

7 대금지급

대금은 수요기관에서 계약상대자에게 직접 지급합니다.

조달청이 지급하는 대지급 방식이 아닌 수요기관이 직접 지급하는 직불방식인 것입니다.

계약 관리

① 계약금액 조정

국가계약법 시행령 제64조 및 같은 법 시행규칙 제74조에 따라 계약체결한 날로부터 90일 이상 경과되고, 계약체결 후 거래가격이 계약금액의 3% 이상 변동할 경우 계약단가를 조정할 수 있습니다. 다만 계약상대자가 가격인하를 요청하는 경우에는 수시로 계약단가를 인하 할 수 있습니다.

중소기업자간 경쟁제품인 경우 최초 계약가격 기준으로 100분의 10을 초과해서 인하할 수 없습니다. 다만, 가격경쟁이 공정하게 이루어지기 어려운 경우로서 계약상대자가 계약가격의 인하를 요청하면 최초 계약가격 기준 100분의 10을 초과하여 인하 할 수도 있습니다.

② 계약상대자의 의무

계약상대자에게 주어지는 의무는 우대가격 유지의무, 변동사항 통보의무, 품질관리 통보의무가 있습니다.

■ 우대가격 유지의무

계약상대자는 MAS계약 가격이 수요기관과 직접 계약을 체결한 가격 또는 시장에 공급한 가격(계약상대자가 가격관리가 가능한 총판 공급가격, 직영대리점 판매가격 또는 자사 홈페이지, 카탈로그 등에 등재한 가격, 타인에게 직접 판매한 가격)보다 동일하거나 낮게 유지하도록 하여야 합니다.

이 의무를 위반한 경우에는 그 사실을 수요기관과 직접 계약체결한 날 또는 시장에 공급한 날로부터 7일 이내에 조달청에 통보하여야 합니다. 그러나 시장공급가격이 조달청 계약가격 대비 차이가 100분의 3 이내이고, 총 인하 기간이 15일을 초과하지 않으며, 계약기간동안 동일 규격에 대하여 시장공급가격 인하 횟수가 2회 이하인 경우에는 통보를 하지 않아도 됩니다.

계약상대자가 우대가격 유지의무나 변동사항 통보의무를 위반한 경우에는 위반내용을 고려하여 거래정지 및 계약단가 인하 조치를 당하게 됩니다.

우대가격 유지의무를 위반하여 수요기관에 납품하거나 시장에 공급한 사실이 있는 경우에는 그 이득을 환수당할 수 있습니다. 이미 대가를 지급받은 경우에는 해당 MAS계약 또는 다른 계약대금에서 우선적으로 상계할 수 있으므로 주의를 기울여야 합니다.

물론 다른 계약 건으로 지급받을 금액이 없는 경우에는 현금으로 납부하여야 된다는 점도 기억하고 계세요. 조달청의 현금 납부요구에 응하지 않는 경우 계약 해지, 입찰참가자격 제한 및 계약보증금의 국고귀속 조치를 당하게 된다는 점도 반드시 알고 계셔야 합니다.

■ 변동사항 통보의무

MAS계약 물품에 대하여 권리관계, 관련 인허가, 인증정보 등에 변동이 있을 경우 7일 이내에 통보하여야 합니다. 변동사항을 통보하지 아니하면 거래정지를 당할 수 있습니다.

■ 품질관리 통보의무

MAS계약 품목을 수요기관과 직접 계약하는 등 MAS계약 이외의 방법으로 수요기관에 납품되는 과정에서 공인기관검사에 불합격 또는 규격미달 되는 경우에는 해당 사실을 공인기관으로부터 통보받은 후 7일 이내에 조달청에 통보하여야 합니다. 이를 위반하게 되면 거래정지를 당할 수 있습니다.

'19.1.1.부터는 이외에도 입찰참가자격 유지의무, 직접생산 의무, 상품정보의 등록의무 등이 추가되어 시행되므로 각별히 주의해야겠습니다.

2단계경쟁 제도

① 도입 배경 및 관련 규정

MAS계약제도를 운영해 본 결과 수요기관이 필요로 하는 물품을 종합쇼핑몰에서 선정할 때 투명성이 부족하다는 의견들이 많았습니다. 또한 가격을 포함한 경쟁성 강화도 필요해졌습니다.

그래서 수요기관에서 일정금액 이상의 수요물자를 구매하는 경우에는 품질·가격 등을 비교·검토하여 구매하는 2단계경쟁 제도를 2008년 6월에 도입하게 되었습니다.

관련 규정으로는 조달사업법 시행령 제7조의2제5항, 다수공급자계약 업무처리규정(훈령), 다수공급자계약 2단계경쟁 업무처리기준(고시) 등이 있습니다.

② 적용대상

수요기관은 1회 납품요구대상금액이 5천만 원 이상(중소기업자간 경쟁제품은 1억 원 이상)인 물품을 구매하고자 하는 경우에는 나라장터 종합쇼핑몰을 통하여 5인 이상의 계약상대자를 대상으로 제안요청 하여야 합니다. 이 경우 종합쇼핑몰 시스템을 통해 자동 추천된 2인을 제안요청 대상자로 추가할 수도 있습니다.

그럼에도 불구하고 중소기업자간 경쟁제품이 아닌 수요물자에 대하여 중소기업이 제조하는 품목인 경우(계약상대자가 해당 계약품목의 제조자이면서 중소기업인 경우)에는 예외적으로 1회 납품요구대상 구매예산이 5천만 원 이상에서 1억 원 미만까지 2단계경쟁을 거치지 않고 납품 요구할 수 있으니 잘 알고 계시기 바랍니다.

한편, 수요기관이 재해복구나 방역사업에 필요한 물자를 긴급하게 구매하는 경우나 농기계 임대사업에 따라 농기계를 구매하는 경우 또는 이미 설치된 물품과 호환이 필요한 설비확충 및 부품교환을 위해 구매하는 경우 등의 사유로 조달청에 2단계경쟁 예외를 요청하는 경우에는 이를 허용할 수 있음을 참고하시기 바랍니다.

반대로 일반차량(소방차 제외)이나 백신을 구매하는 경우에는 2단계경쟁 예외를 원칙으로 하되, 수요기관이 요청하는 경우 2단계경쟁을 허용할 수 있음도 참고하시기 바랍니다.

③ 업무처리 절차

수요기관이 제안서 제출 대상업체 선정, 제안요청서 작성, 제안서 평가 등 모든 절차를 직접 수행합니다.

업무처리 절차는 아래 그림과 같습니다.

```
┌──────────┐     ┌──────────┐     ┌──────────┐     ┌──────────┐
│  제안요청  │ ▶  │ 제안서 제출 │ ▶  │ 제안서 평가 │ ▶  │  납품요구  │
│ (수요기관) │     │ (조달업체) │     │ 및 업체 선정│     │ (수요기관) │
│          │     │          │     │ (수요기관) │     │          │
└──────────┘     └──────────┘     └──────────┘     └──────────┘
```

제안요청 및 제안서 제출은 나라장터 종합쇼핑몰에서 On-Line으로 진행합니다.

■ 제안요청

앞서 적용대상 부분에서도 설명이 있었지만 2단계경쟁은 나라장터 종합쇼핑몰을 통하여 5인 이상의 계약상대자를 대상으로 제안요청하여야 하며, 이 경우 종합쇼핑몰 시스템을 통해 자동 추천된 2인을 제안요청 대상자로 추가할 수 있습니다.

수요기관은 구매 희망 규격을 충족하면서 예산범위 이내인 계약상대자가 2인 이상 5인 미만인 경우에는 2인 이상 5인 미만으로도 제안요청을 할 수 있기도 합니다.

'설치비'로 계약 체결된 옵션 품목은 제안공고 대상에서 제외하여야 하며, '설치비'가 아닌 '별도구매' 옵션 품목은 제안공고 대상에서 제외할 수 있다는 점도 알아 두시기 바랍니다.

한편, 수요기관은 제안요청 또는 제안공고를 하는 때에 제안서 제출기한을 제안요청일자 또는 제안공고일자 기준 만 5일 이후로 정하여야 한답니다. 제안서 제출기한 산정 시 공휴일 및 토요일을 포함하여서는 안된다는 점도 알아 두셔야 합니다.

■ 제안서 제출

제안서는 나라장터 시스템을 이용하여 제출하여야 합니다. 다만, 전자적으로 제출이 곤란한 경우에는 제안 마감일시까지 직접 또는 우편 등의 방법으로 수요기관에 제출하여야 합니다.

가격 제안은 수요기관이 제안요청서를 생성한 시점을 기준으로 나라장터 종합쇼핑몰에 등록된 계약가격(다량납품할인율 또는 할인행사에 의한 할인율이 적용된 경우에는 할인 후 낮은 가격) 이하로 제안해야 합니다.

중소기업자간 경쟁제품은 제안요청서를 생성한 시점을 기준으로 계약가격의 100분의 90 미만으로 제안할 수 없습니다.

제안서 제출기한까지 제안을 하지 않은 경우에는 수요기관이 제안요청서를 생성한 시점을 기준으로 종합쇼핑몰에 등록된 계약가격(다량납품할인율 또는 할인행사에 의한 할인율이 적용된 경우에는 할인 후 낮은 가격)으로 제안한 것으로 보므로 이점 착오가 없어야 하겠습니다.

제안서 제출 시 제안서의 유효기간을 설정하여 제안해야 하며, 유효기간이 만료된 제안서는 효력이 없습니다. 수요기관은 납품요구가 지연되는 경우 계약상대자의 동의를 얻어 제안서의 유효기간을 연장 후 납품요구를 할 수 있습니다.

한편, 제출된 제안을 제안서 제출기한 전에는 전자적으로 취소할 수 있으나 제안서 제출기한이 경과한 후에는 취소할 수 없습니다.

제안을 취소한 경우에는 동일 제안요청 건에 대하여는 다시 제안을 할 수 없으며, 이 경우에는 제안서 미제출의 경우와 같이 나라장터 종합쇼핑몰에 등록된 계약가격으로 제안한 것으로 봅니다.

■ 제안서 평가

제안서 제출기한 만료 후에 기한 내에 제출된 제안서를 대상으로 평가합니다. 제안서를 평가하는 때에 계약조건 이외의 변경된 조건을 제시하여 평가에 반영하여서는 안 되고 제안서를 평가하기 이전에 제안공고서에 명시한 구매희망 규격에 부합하지 않는 제안서는 사전판정하여 평가대상에서 제외될 수도 있습니다. '선호도'는 평가과정에서 실시할 수도 있음을 참고하시기 바랍니다.

또한 제안공고서에 명시한 구매희망규격에 부합하지 않는 제안서임에도 불구하고 사전판정으로 평가대상에서 제외하지 않은 계약상대자가 있는 경우 그 계약상대자의 제안가격 또는 제안율을 '가격' 평가의 제안평균가격 또는 평균제안율 산출에 반영할 수도 있음을 알아 두셔야 합니다.

2단계경쟁 평가방식은 크게 종합평가방식과 표준평가방식으로 나뉩니다. 표준평가방식은 다시 수요기관의 1회 납품요구대상 구매예산이 2억 원 이상인 경우와 2억 원 미만인 경우로 나눠 Ⅰ, Ⅱ, Ⅲ, Ⅳ유형으로 나 눕니다.

종합평가방식

구 분	평가항목	평가지표	배점한도
기본 평가항목 (60점 이상)	가격	제안가격의 적정성	45점 이상 75점 이하
	적기납품	납기지체 여부	10점 이상 20점 이하
	품질관리	조달청검사, 전문기관검사 및 품질점검 결과	5점
	신인도 (-1.75~+2.5)	불공정행위 이력 평가 결과	-0.25점
		최저임금 위반	-0.5점
		임금체불	-0.5점
		고용개선조치 미이행	-0.5점
		고용우수기업	+1점
		일자리 으뜸기업	+0.5점
		기술 인증	+1점
선택 평가항목 (40점 이하)	선호도	자체 선호도 조사	5점 이하
	지역업체	지역업체 여부	5점 이하
	납품기일	납품기한 단축가능성	5점 이하
	사후관리	계약이행실적평가 결과	5점 이하
	납품실적	해당 제품 납품실적	5점 이하
	경영상태	업체 신용평가등급	5점 이하
	약자지원	약자지원 대상 기업 여부	5점 이하
	수출기업 지원	수출기업 지원 대상 기업 여부	5점 이하

여기서 신인도 평가 결과 총 평점은 각 지표의 가점 합계와 감점 합계를 상계한 점수로 합니다. 다만, 총 평점이 양인 경우에는 신인도를 제외한 모든 평가항목에 대한 취득점수 합계가 100점을 초과하지 않는 범위 내에서 가산점을 부여받을 수 있습니다.

또한 각 평가점수 산정 시 소수점 이하는 소수점 넷째 자리에서 반올림합니다.

표준평가방식 : 구매예산 2억 원 이상

평가항목	평가지표	배점한도			
		I유형	II유형	III유형	IV유형
가격	제안가격의 적정성	65점	75점	65점	65점
적기납품	납기지체 여부	15점	15점	15점	15점
사후관리	계약이행실적평가 결과	10점	5점	10점	10점
품질관리	조달청검사, 전문기관 검사 및 품질점검 결과	5점	5점	5점	5점
수출기업지원	수출기업지원 대상 기업 여부	5점			
약자지원	약자지원 대상 기업 여부			5점	
선호도	자체 선호도 조사				5점
신인도 (-1.75~+2.5)	불공정행위 이력 평가 결과	-0.25점	-0.25점	-0.25점	-0.25점
	최저임금 위반	-0.5점	-0.5점	-0.5점	-0.5점
	임금체불	-0.5점	-0.5점	-0.5점	-0.5점
	고용개선조치 미이행	-0.5점	-0.5점	-0.5점	-0.5점
	고용우수기업	+1점	+1점	+1점	+1점
	일자리 으뜸기업	+0.5점	+0.5점	+0.5점	+0.5점
	기술 인증	+1점	+1점	+1점	+1점

표준평가방식 : 구매예산 2억 원 미만

평가항목	평가지표	배점한도			
		I 유형	II 유형	III 유형	IV 유형
가격	제안가격의 적정성	55점	65점	55점	55점
적기납품	납기지체 여부	20점	20점	20점	20점
사후관리	계약이행실적평가 결과	10점	5점	10점	10점
품질관리	조달청검사, 전문기관 검사 및 품질점검 결과	10점	10점	10점	10점
수출기업지원	수출기업지원 대상 기업 여부	5점			
약자지원	약자지원 대상 기업 여부			5점	
선호도	자체 선호도 조사				5점
신인도 (-1.75~+2.5)	불공정행위 이력 평가 결과	-0.25점	-0.25점	-0.25점	-0.25점
	최저임금 위반	-0.5점	-0.5점	-0.5점	-0.5점
	임금체불	-0.5점	-0.5점	-0.5점	-0.5점
	고용개선조치 미이행	-0.5점	-0.5점	-0.5점	-0.5점
	고용우수기업	+1점	+1점	+1점	+1점
	일자리 으뜸기업	+0.5점	+0.5점	+0.5점	+0.5점
	기술 인증	+1점	+1점	+1점	+1점

:: 가격

가격 평가는 A, B형으로 나뉘는데 A형은 제안요청 대상 업체간 계약 물품의 규격, 성능, 가격에 차이가 없거나 미미한 경우나 일정한 규격, 성능을 충족하는 범위 내에서 최대한 예산절감을 도모하는 경우에 선택되고, B형은 제안요청 대상 업체간 계약물품의 규격, 성능, 가격에 차이가 큰 경우나 예산 범위 내에서 최대한 고성능의 물품을 구매하고자 하는 경우에 선택됩니다.

평가유형	평 점
A형	가격평점(점)=배점×{1-2×($\frac{제안가격}{제안평균가격}$ - $\frac{95}{100}$)}
B형	가격평점(점)=배점×{1-2×($\frac{제안율}{평균제안율}$ - $\frac{95}{100}$)}

A형의 평가기준은 제안평균가격 대비 제안가격 비율이고, B형의 평가기준은 평균제안율 대비 제안율 비율입니다. 이때 제안서를 제출하지 않은 업체는 계약가격[제안율이 100분의 100(할인율이 적용된 경우에는 할인율이 적용된 비율)]을 제안한 것으로 간주합니다.

제안가격(제안율)이 제안 평균가격(평균 제안율)의 100분의 95 이하인 경우의 가격평점은 만점이고, 가격평점이 배점의 100분의 60 미만인 경우에는 가격평점은 배점의 100분의 60입니다.

:: 적기납품

적기납품의 평가기준은 납기지체율인데 납기지체율은 계약상대자가 MAS계약을 체결하고 종합쇼핑몰을 통해 납품요구를 받아 납품이행을 완료한 총 건수 대비 납품기한을 지체하여 납품이행을 완료한 총 건수의 비율입니다.

평가 대상 납품요구 건은 납품이행 완료시점이 제안서 제출 마감일 전일 기준 과거 2년 이내인 것으로 하되, 제안서 제출 마감일 전일이 2019.12.31. 이전인 경우는 과거 1년, 제안서 제출 마감일 전일이 2020.1.1. 이후 2020.12.31. 이전인 경우는 과거 2년 이내(단, 2019.1.1.이후 건에 한함), 제안서 제출 마감일 전일이 2021.1.1. 이후인 경우는 과거 2년으로 합니다.

한편, 납기지체율이 1%를 초과하면 평점은 배점의 100분의 50으로 합니다.

평가기준	평 점
납기지체율	$평점 = 배점 \times (1 - \dfrac{납기지체율(\%)}{2})$

:: 품질관리

품질관리 항목은 조달청 검사, 전문기관검사 및 품질점검 결과를 기준으로 평가합니다. 평가 대상 검사 또는 품질점검 결과는 검사 또는 품질점검 완료일이 제안서 제출 마감일 전일 기준 과거 2년 이내인 것으로 하되 세부 평가대상기간은 앞의 적기납품의 경우와 같습니다.

평가기준	평 점
결함이 없는 경우	배점 × 1
경결함 1회	배점 × 0.8
중·치명결함 1회	배점 × 0.6
경결함 또는 중·치명결함 2회	배점 × 0.4
경결함 또는 중·치명결함 3회 이상	배점 × 0.2

:: 신인도

① 불공정행위 이력 평가 결과

평가기준	평 점
누적점수 10점 이상 ~ 20점 미만	-0.1
누적점수 20점 이상	-0.25

제안서 제출 마감일 전일 기준 과거 2년 간(해당 처분 또는 조치일이 2018.1.1. 이후인 건에 한함) 불공정행위 이력을 평가한 결과 누적점수를 가지고 감점을 적용합니다. 다만, 동 처분 또는 조치에 대해 법원에서 집행정지를 결정한 경우에도 동 처분 또는 조치가 최종적으로 무효 또는 취소로 확정되기 전까지는 평가에 반영한다는 점 꼭 알아두시기 바랍니다.

불공정 행위	세부 위반 내용	부과 점수
뇌물	관계 공무원에게 뇌물을 준 자 가. 2억 원 이상의 뇌물 나. 1억 원 이상 2억 원 미만의 뇌물 다. 1천만 원 이상 1억 원 미만의 뇌물 라. 1천만 원 미만의 뇌물	 10 5 3 2
담합	가. 담합하여 낙찰을 받은 자 나. 담합에 참여한 자	10 5
허위 서류	가. 위조, 변조, 허위서류 제출하여 낙찰을 받은 자 나. 위조, 변조, 허위서류를 제출한자 다. 다른 계약상대자의 계약관련 서류의 위조, 변조, 허위 작성 또는 　　부정행사에 협조하거나 관련 서류를 발급해준 자	5 3 3
안전 사고	가. 안전대책을 소홀히 하여 공중에게 생명, 신체상의 위해를 가한 자 나. 안전대책을 소홀히 하여 공중에게 재산상의 위해를 가한 자 다. 안전, 보건조치를 소홀히 하여 근로자가 사망하는 재해를 발생시킨 자 　　(1) 동시에 사망한 근로자 수가 10명 이상 　　(2) 동시에 사망한 근로자 수가 6명 이상 10명 미만 　　(3) 동시에 사망한 근로자 수가 2명 이상 6명 미만	5 3 8 5 3

② 최저임금 위반

제안서 제출 마감일 전일 기준 과거 3년 이내에 「최저임금법」 위반으로 고용노동부장관으로부터 통보된 자에 대하여 -0.5점을 적용합니다.

③ 임금체불

제안서 제출 마감일 전일 기준 「근로기준법」에 따라 고용노동부장관으로부터 체불사업주로 명단이 공개중인 자에 대하여 감점(-0.5점)을 합니다.

④ 고용개선조치 미이행

제안서 제출 마감일 전일 기준 과거 3년 이내에 「남녀고용평등과 일·가정 양립 지원에 관한 법률」에 따라 고용노동부장관으로부터 적극적 고용개선조치 미이행 사업주로 명단이 공개된 자에 대하여 감점(-0.5점)을 적용합니다(단, 2017.5.22. 이후 명단이 공개된 자부터 적용).

⑤ 고용우수기업

기업구분	평가기준		가점
	전체고용증가율	청년고용증가율	
대기업	3% 이상	3% 이상	+1점
중기업	4% 이상	3% 이상	+1점
소기업	5% 이상	3% 이상	+1점

전체고용증가율 또는 청년고용증가율에 대하여 평가기준을 충족한 경우 가점을 적용하되, 중복하여 가점을 주지는 않습니다.

제안자는 고용사실을 증명할 수 있는 관련 서류를 가격제안 시 제출하면 됩니다. 단, 고용사실 증명서류는 「국민건강보험법」에 따른 국민건강의료보험 또는 「국민연금법」에 따른 연금 관련 증빙서류로 합니다. 다만, 국민연금 가입제외 대상과 건강보험 가입제외 대상은 「고용보험법」, 「산업재해보상보험법」에 따른 증빙서류에 의할 수 있습니다. 해당 제안서 제출 마감일 전일의 전월 말일 기준으로 유효한 자료와 1년 전 전월 말일 기준으로 유효한 자료의 증명서류 종류는 동일하여야 한다는 점도 꼭 기억하시길 바랍니다.

신설기업, 합병 또는 분할기업 등 제안서 제출 마감일 전일의 1년 전 전월 말일 기준으로 유효한 자료가 없는 경우에는 사업개시, 합병 또는 분할 등의 시점에 유효한 자료와 제안서 제출 마감일 전일의 전월 말일 기준으로 유효한 자료를 대비하여 평가하므로 잘 준비하여 제출해야 합니다.

기업구분은 나라장터에서 제공하는 조달업체 기업규모 정보에서 대기업(상호출자제한기업) 또는 중견기업으로 분류되는 경우에는 "대기업", 나라장터에서 제공하는 조달업체 기업 규모 정보에서 중소기업으로 분류되고, 중소벤처기업부장관으로부터 중기업 확인서를 발급받은 경우 또는 나라장터에서 제공하는 조달업체 기업 규모 정보에서 비영리법인 등 기타로 분류되는 경우에는 "중기업", 나라장터에서 제공하는 조달업체 기업 규모 정보에서 중소기업으로 분류되고, 중소벤처기업부장관으로부터 소기업 또는 소상공인 확인서를 발급받은 경우 또는 별도의 확인서를 발급받지 못한 경우에는 "소기업" 평가기준을 적용합니다.

전체고용증가율은 제안서 제출 마감일 전일의 전월 말일 기준으로 1년 전과 대비하여 전체 고용인원(대표자 제외)의 증가율로 평가하고, 청년고용증가율은 제안서 제출 마감일 전일의 전월 말일 기준으로 1년 전과 대비하여 청년(15세 이상 34세 이하) 고용인원(대표자 제외)의 증가율로 평가합니다. 다만, 청년 고용인원이 증가했음에도 불구하고, 전체 고용인원이 감소한 경우에는 청년고용증가율에 따른 가점을 받지 못한다는 점 참고하시기 바랍니다.

예를 들면 제안서 제출 마감일 전일의 전월이 2018년도인 경우에는 1985년생부터 2004년생까지를 청년고용인원으로 봅니다.

⑥ 일자리 으뜸기업

제안서 제출 마감일 전일 기준 과거 3년 이내에 고용노동부장관으로부터 '대한민국 일자리 으뜸기업'으로 선정되어 종합쇼핑몰에 해당 인증이 등록된 자에 대하여 가점(+0.5점)을 줍니다.

제안서 제출 마감일 전일이 공휴일인 경우에는 공휴일 전일까지 등록된 인증에 한합니다.

⑦ 기술 인증

구 분	인증 종류	가점
고도기술	NEP, NET, 성능인증, 녹색기술인증, 우수조달물품	+1점
일반·녹색기술	GS, 특허, KS, 단체표준인증, 고효율기자재, 에너지효율1등급, 우수재활용, 품질보증조달물품(GS인증은 소프트웨어 또는 GS인증 발급시 시험평가에 사용된 하드웨어에 대해서만 인정)	+0.5점

품목을 기준으로 하되, 품목별로 인증 구분에 관계없이 점수가 높은 1개의 인증에 대해서만 가점을 적용합니다.

제안요청 품목이 2개 이상인 경우에는 계약상대자의 제안총금액 대비 품목별 제안금액의 비중에 의한 가중평균 가점을 적용하며 적용산식은 다음과 같습니다.

$$\text{가중평균 가점} = \Sigma\left(\frac{\text{품목별 제안금액}}{\text{제안 총금액}} \times \text{품목별 가점} \right)$$

:: 선호도

선호도는 제안요청서에 명시한 평가기준대로 제안서 평가 전에 자체 평가위원회 또는 품평회 등을 통해 수요기관에서 직접 평가하여 결과를 나라장터에 등록합니다.

선호도 평가의 최저 평점은 배점의 100분의 60 이상으로 되어 있습니다.

:: 지역업체

평가기준	평 점
지역업체 여부	본사가 해당지역에 있음 : 배점 × 1 본사가 해당지역에 없음 : 배점 × 0.4

지역업체 평가는 구매예정금액이 각 수요기관에 적용되는 법률에 따른 고시금액 미만일 경우에만 적용합니다.

지역업체 여부는 납품지 소재지를 기준으로 특별시, 광역시, 도 범위로 평가합니다.

조합인 경우에는 제안요청 품목을 등록한 조합원사 본사를 기준으로 평가하고, 제안요청 품목이 2개 이상인 경우에는 제안총금액 대비 품목별 제안금액의 비중에 의한 가중평균 점수를 적용하며 적용산식은 다음과 같습니다.

$$\text{가중평균 가점} = \Sigma\left(\frac{\text{품목별 제안금액}}{\text{제안 총금액}} \times \text{품목별 평점}\right)$$

:: **납품기일**

평가기준	평 점
납품기한 단축가능성	$\text{평점(점)} = \text{배점} \times \left\{1 - \dfrac{(\text{업체제시납품기한} - \text{수요기관요구 납품기한})}{\text{계약납품기한}}\right\}$

납품기일은 수요기관의 사업목적 상 납품기한 단축이 필요한 경우에 한하여 평가하는데, 수요기관에서 요구 가능한 납품기한은 해당 제안요청 품목의 당초 계약 납품기한의 2/3 이상으로 하여야 합니다. 제안자는 제안서 제출 시 가능한 납품기한을 입력하면 됩니다.

수요기관의 요구납품기한보다 단축하여 기한을 제시하는 경우에는 배점의 만점으로 평가받습니다.

제안요청 품목이 2개 이상인 경우에는 제안총금액 대비 품목별 제안 금액의 비중에 의한 가중평균 평점을 적용하며, 적용산식은 앞의 지역업체 평가와 같습니다.

:: **사후관리**

사후관리는 제안서 제출 마감일 전일 기준 계약이행실적평가 전체등급을 기준으로 평가하되, 계약이행실적평가 결과가 없으면 '보통'으로 평가합니다.

평가기준	평 점
계약이행실적평가 전체등급	최우수 : 배점 × 1 우수 : 배점 × 0.8 보통 : 배점 × 0.6 미흡 : 배점 × 0.4

:: **납품실적**

평가기준	평 점
납품금액	평점(점)=배점×($\dfrac{\text{납품금액}}{\text{구매예정금액}}$)
납품수량	평점(점)=배점×($\dfrac{\text{납품수량}}{\text{구매예정수량}}$)

납품실적은 수요기관의 구매 목적과 용도에 따라 납품 금액 또는 납품 수량 중에서 자율적으로 선택하여 평가할 수 있습니다.

제안서 제출 마감일 전일 기준 과거 3년 이내의 동일 세부품명에 대한 관급 및 사급 실적으로 평가하는데, 납품금액이 구매예정금액보다 크거나, 납품수량이 구매예정수량보다 클 경우에는 만점을 받습니다.

조합인 경우에는 해당 조합을 기준으로 평가하되, 제안요청 품목을 등록한 조합원사의 납품실적을 포함하여 평가할 수도 있습니다.

또한, 제안요청 세부품명이 2개 이상인 경우에는 계약상대자의 제안 총금액 대비 세부품명별 제안금액의 비중에 의한 가중평균 평점을 적용하며, 적용산식은 다음과 같습니다.

$$\text{가중평균 평점} = \Sigma \left(\frac{\text{세부품명별 제안금액}}{\text{제안 총금액}} \times \text{세부품명별 평점} \right)$$

:: 경영상태

(단위 : 점)

회사채	기업어음	기업신용평가	배율
AAA		AAA (회사채에 대한 신용평가등급 AAA에 준하는 등급)	
AA+, AA0, AA-	A1	AA+, AA0, AA- (회사채에 대한 신용평가등급 AA+, AA0, AA-에 준하는 등급)	
A+	A2+	A+ (회사채에 대한 신용평가등급 A+에 준하는 등급)	1.000
A0	A20	A0 (회사채에 대한 신용평가등급 A0에 준하는 등급)	
A-	A2-	A- (회사채에 대한 신용평가등급 A-에 준하는 등급)	
BBB+	A3+	BBB+ (회사채에 대한 신용평가등급 BBB+에 준하는 등급)	0.995
BBB0	A30	BBB0 (회사채에 대한 신용평가등급 BBB0에 준하는 등급)	0.990
BBB-	A3-	BBB- (회사채에 대한 신용평가등급 BBB-에 준하는 등급)	0.985
BB+, BB0	B+	BB+, BB0 (회사채에 대한 신용평가등급 BB+,BB0에 준하는 등급)	0.980
BB-	B0	BB- (회사채에 대한 신용평가등급 BB-에 준하는 등급)	0.975
B+, B0, B-	B-	B+, B0, B- (회사채에 대한 신용평가등급 B+,B0,B-에 준하는 등급)	0.970
CCC+ 이하	C 이하	CCC+ 이하 (회사채에 대한 신용평가등급 CCC+에 준하는 등급)	0.850

경영상태는 「신용정보의 이용 및 보호에 관한 법률」 제4조제1항제1호에 따른 신용조회사 또는 「자본시장과 금융투자업에 관한 법률」 제335조의3에 의거 업무를 영위하는 신용평가사가 작성한 '신용평가등급확인서'(이하 '등급확인서')을 기준으로 평가합니다.

등급확인서는 제안서 제출 마감일 전일까지 작성되고, 같은 날까지 유효한 것이어야 합니다.

가장 최근의 신용평가등급으로 평가하되, 동일 날짜에 다수의 신용평가등급이 있는 경우에는 가장 낮은 평가등급을 적용하고, '등급확인서'를 제출하지 않으면 최저등급으로 평가되니까 유의해야 합니다.

합병한 업체에 대하여는 합병 후 새로운 신용평가등급으로 심사하고, 합병 후의 새로운 신용평가등급이 없는 경우에는 합병 업체 중 가장 낮은 업체의 신용평가등급으로 평가한다는 점도 꼭 알아 두시기 바랍니다.

평점은 배점에 해당 배율을 곱하여 평가합니다.

:: **약자지원**

평가기준	평　　점
중증장애인생산제품, 장애인기업, 사회적기업, 사회적협동조합, 장애인표준사업장	1가지 이상 : 배점 × 1
창업기업	배점 × 0.7
여성기업	배점 × 0.6
해당없음	배점 × 0.4

약자지원 평가는 제안서 제출 마감일 전일 기준 종합쇼핑몰에 등록되어 있는 업체정보를 기준으로 평가합니다. 다만, 여성기업에 대한 평가는 업체정보가 등록되지 않은 경우에도 '여성기업확인서' 등 관련서류를 가격제안 시 제출하면, 수요기관에서 이를 확인하여 평가할 수도 있습니다.

창업기업은 사업개시일 7년 이내의 중소기업으로서 「중소기업창업 지원법 시행령」 에 따라 제안서 제출 마감일 전일 기준 종합쇼핑몰에 창업기업으로 등록되어 있는 업체에 한하여 평가에 반영합니다.

중복하여 평가하지 않으며, 점수가 높은 1개에 대해서만 점수를 적용합니다.

조합인 경우에는 제안요청 품목을 등록한 조합원사를 기준으로 평가하며, 제안요청 품목이 2개 이상인 경우에는 계약상대자의 제안총금액 대비 품목별 제안금액의 비중에 의한 가중평균 점수를 적용하며 적용산식은 지역업체 평가 때와 같은 방법으로 합니다.

:: **수출기업 지원**

평가기준	평 점
수출 중소기업, G-PASS기업(C등급 제외)	1가지 이상 해당 : 배점 × 1
해당없음	배점 × 0.4

수출 중소기업은 제안서 제출 마감일 전일 기준 과거 3년 이내에 수출실적이 10만 USD 이상인 중소기업에 한하여 평가하므로, 한국무역통계진흥원, 한국무역협회에서 발급한 실적증명원과 중소기업 확인서를 가격제안시 제출하면 됩니다.

G-PASS 기업은 조달청장이 지정한 '해외조달시장 진출유망기업(G-PASS기업)'으로 제안서 제출 마감일 전일 기준으로 종합쇼핑몰에 등록되어 있고, 유효기간 이내인 것에 한하여 평가합니다.

한편, 수출기업 지원 평가는 중복하여 평가하지 않으며, 점수가 높은 1개에 대해서만 점수를 적용합니다. 그러므로 만점이나 40% 둘 중 하나를 획득하겠죠.

조합인 경우에는 제안요청 품목을 등록한 조합원사를 기준으로 평가하며, 제안요청 품목이 2개 이상인 경우에는 계약상대자의 제안총금액 대비 품목별 제안금액의 비중에 의한 가중평균 점수를 적용하며 적용산식은 지역업체 평가 때와 같은 방법으로 합니다.

■ 납품업체 선정

평가 결과 합산점수가 가장 높은 자가 납품대상업체가 됩니다. 다만 2단계경쟁 평가 방식 및 평가항목별 세부 평가기준을 달리 정한 경우에는 해당 규정을 따릅니다.

제안서 평가 결과 합산점수가 동일한 경우에는 신인도 평가항목의 고용

우수기업 점수를 취득한 자가 우선적으로 납품대상업체가 됩니다.

고용우수기업 점수를 취득한 자가 복수인 경우에는 A형으로 제안가격의 적정성을 평가한 경우에는 제안가격이 낮은 자가, B형으로 제안가격의 적정성을 평가한 경우에는 제안율(소수점 이하의 숫자가 있는 경우에는 소수점 다섯째 자리에서 반올림)이 낮은 자가 납품대상업체가 됩니다.

제안가격이 낮은 자가 복수인 경우 또는 제안율이 낮은 자가 복수인 경우에는 추첨에 의하여 선정하고, 나라장터 시스템을 이용한 자동 추첨방식도 채택할 수 있음을 알고 계시기 바랍니다.

그럼에도 불구하고 동점자 처리기준을 사전에 별도로 정하여 제안요청서 또는 제안공고서에 명시하고, 이에 따라 납품대상업체를 선정할 수도 있습니다.

■ 납품요구

수요기관은 해당 납품대상업체가 설정한 제안서 유효기간 내에 납품요구를 하여야 하며, 유효기간이 경과한 이후에는 납품요구를 할 수 없습니다.

납품요구가 당초 제안서 유효기간을 경과하여 지연되는 경우 계약상대자의 동의를 얻어 제안서의 유효기간을 연장 후 납품요구를 할 수 있습니다.

납품대상업체의 계약품목이 계약의 종료, 거래정지, 수정계약 등으로 종합쇼핑몰에 등재되어 있지 않은 경우에는 납품요구를 할 수 없으며, 새로운 제안요청 절차를 거쳐 납품대상업체를 선정하여야 합니다.

2단계경쟁을 거쳐 납품요구를 한 후 동일 품목에 대하여 납품요구 수량의 조정을 원하는 경우에는 납품대상업체와 협의하여야 하고, 납품가격은 상호협의된 가격으로 합니다. 다만, 납품요구 수량이 증가하는 경우 해당 증량분의 납품가격은 2단계경쟁 제안가격과 납품요구 수량의 변경이 발생한 시점 기준 전체 납품요구 수량에 대한 다량납품할인율 또는 할인행사에 의한 할인율이 적용되는 경우 할인 후 낮은 가격을 비교하여 더 낮은 가격 이하로 하여야 합니다.

2단계경쟁 종합평가방식의 평가항목 중 '납품기일'을 평가하여 납품기일을 단축한 경우에는 납품대상업체가 제시한 납품기일을 적용하여 납품요구를 하므로 신중을 기하여 단축된 납품기일을 제안하여야 합니다.

7장

讀해야 산다
정부조달우수제품 지정제도

도입 배경 및 법적 근거

일반 소비자들은 필요한 물품이 생길지라도 아무 물품이나 구매하진 않죠. 특히나 각 기관의 구매담당자들은 더욱 그렇습니다. 그동안 시장에서 검증이 된 물품을 우선적으로 고려하게 되죠.

이유가 뭘까요? 그렇습니다. 만에 하나라도 구매한 물품이 말썽을 일으키면 골치가 아프거든요. 그래서 성능이나 기능을 최우선시 하기 보다는 안정적인 물품을 찾게 되고, 그 결과 이미 납품되어 말썽 없이 잘 운영되고 있는 것을 찾게 되는 것입니다.

이러한 구매환경 아래에서 기업들이 신기술제품을 개발해 놓고도 판매할 곳이 없어 애를 태우곤 했습니다. 심지어는 기술개발을 해봐야 판로가 어려우니까 아예 기술개발을 포기하거나 등한시하는 풍조가 만연하였죠.

이래서는 기업은 물론 국가경쟁력도 큰 피해를 보게 됩니다. 좁은 땅덩어리에서 우리가 먹고 살 길은 기술개발해서 해외에 수출을 많이 해야 되는데 말이죠.

그래서 조달물자의 품질향상도 노리고, 좋은 제품을 개발해 놓고도 판로에 애로를 겪는 조달기업도 지원하는 일거양득의 효과를 올리기 위한 방안이 필요했습니다.

이러한 시대적 사명을 띠고 태어난 제도가 바로 이 장에서 다룰 우수제품 지정제도로서 중소기업자가 생산하는 성능·기술 또는 품질이 뛰어난 물품을 우수제품으로 지정하여 다양한 혜택을 부여하고 있습니다.

중소·벤처기업의 혁신제품에 대한 안정적 판로를 확보하여 조달기업의 도전적 기술개발 여건을 마련하고 글로벌 강소기업을 육성함으로써 국가 산업 발전에 기여하고자 도입한 제도인 것입니다.

이 제도는 '96년부터 도입, 운영하고 있는데, 우수제품으로 지정된 제품수와 각 수요기관에 구매공급 한 실적을 보면 아래 표와 같습니다.

(단위 : 억 원)

구 분	'14년	'15년	'16년	'17년	'18년
제품 수	289	214	193	241	263
(누계)	(3,978)	(4,192)	(4,385)	(4,626)	(4,889)
공급실적	21,113	21,550	23,770	28,206	27,673

'18년도에는 공급실적이 약간 줄어들긴 했지만 점차 늘어나는 추세이며, 전체 물품구매 실적의 10.1% 수준을 담당하고 있습니다.

'18년 말 현재 896개사의 1,222개 제품이 유효하게 지정되어 있습니다.

한편, 모든 정책 추진을 위해서는 법적 근거가 있어야 합니다.

우수제품에 관해서는 조달사업법 및 같은 법 시행령에 그 근거를 마련해 놓고 있습니다.

우선 조달사업법 제9조의2에서 조달청장은 조달물자의 품질향상을 위하여 우수제품을 지정하여 고시할 수 있다고 되어 있습니다.

조달청장은 우수제품의 구매 증대와 판로 확대를 위하여 필요한 조치를 할 수 있고, 지정된 우수제품이 최초 지정기준에 미달하는 등의 경우에는 그 지정을 취소할 수 있습니다.

조달사업법 시행령 제18조에서는 지정대상물품이 충족해야 할 일정 기준을 제시하였고, 매출액 규모, 중견기업이 된 이후의 기간 등 신청 기업이 충족해야 할 요건을 명시하고 있습니다.

제도 개요

성능, 기술 또는 품질이 뛰어난 물품을 우수제품으로 지정·고시하는 제도입니다. 우수제품으로 지정된 제품은 국가계약법 시행령 제26조에 따라 수의계약에 의한 단가계약 등을 체결하여 수요기관에 공급할 수 있습니다.

그러면 아무 기업, 아무 제품이나 다 우수제품으로 지정 받을 수 있느냐? 그건 아닙니다. 우수제품으로 지정받기 위해서는 우선 두 가지 요건을 갖추어야 합니다.

먼저 대상기업에 제한이 있습니다. 「중소기업기본법」 제2조제1항에 따른 중소기업이어야 합니다. 아니면 「중견기업 성장촉진 및 경쟁력 강화에 관한 특별법」 제2조에 따른 중견기업 중 매출액 규모, 중견기업이 된 이후의 기간 등이 일정 기준을 충족하는 기업만 해당됩니다. 즉, 「중소기업기본법」 제2조제3항에 따라 중소기업으로 보는 경우 해당 기간의 만료 이후 3년 이내이거나, 우수제품 지정연도 직전 3년간의 연간 평균 매출액이 3천억 원 미만인 기업이 해당됩니다.

그리고 아무 물품이나 상관없이 지정할 수는 없겠죠. 위의 기업들이 생산한 물품으로서 성능·기술 또는 품질이 일정 기준을 충족하는 물품이어야 합니다.

일정 기준을 충족하는 물품이란 다음과 같습니다.

첫째, 「특허법」에 따른 특허발명, 「실용신안법」에 따른 등록실용신안 및 「디자인보호법」에 따른 등록디자인을 실시하여 생산된 물품이거나, 주무부장관이 인증하거나 추천하는 신기술 적용 물품, 우수품질 물품, 환경친화적 물품 또는 자원재활용 물품 등이 해당됩니다.

둘째, 기술의 중요도 및 품질의 우수성 등을 고려하여 조달청장이 정하는 기준을 충족하는 물품이어야 합니다. 다만, 음·식료품류 및 동·식물류 등 품질 확보가 곤란한 물품이나 무기·총포·화약류 등으로서 조달청장이 우수제품으로 지정하는 것이 적합하지 아니하다고 인정하여 고시하는 물품은 제외됩니다.

심사는 1차와 2차로 나눠서 하는데, 우수제품의 지정결과는 2차 심사 후에 알려 줍니다. 이 경우 지정 탈락, 보완 후 재상정으로 결정한 제품에 대하여도 그 내용을 통보해 줍니다.

우수제품의 지정기간은 지정일로부터 3년입니다. 지정기간을 연장 받고자 하는 우수제품업체는 지정기간 만료일 1년 전부터 30일 전까지 지정기간 연장 신청서에 증빙서류를 첨부하여 지정기간 연장을 신청하여야 합니다. 그러면 지정기간 중에 수요기관 납품실적 유무 등을 따져 최대 3년의 범위에서 연장이 가능합니다.

한편, 조달청은 우수제품의 해외시장 판로개척을 위한 홍보 등 우수제품의 종합적인 판로지원 및 홍보를 위한 여러 가지 활동을 하고 있습니다.

그리고 우수제품으로 지정·관리함에 있어 필요한 사항은 우수조달물품 지정관리규정(조달청 고시 제2017-26호, '17.10.26.)을 만들어 운영하고 있습니다.

신청대상제품 및 제출서류

① 신청대상제품

신청대상기업에 대해서는 앞의 제도 개요에서 자세히 설명하였으므로 이제 신청대상제품에 대하여 보충 설명을 하겠습니다.

신청대상제품은 중소기업 또는 초기 중견기업이 생산하는 제품으로서 「산업기술혁신 촉진법」에 따라 주무부장관이 인증한 신제품(NEP) 또는 신제품(NEP)을 포함한 제품, 「산업기술혁신촉진법」 등에 따라 주무부장관이 인증한 신기술(NET 등)이 적용된 제품, 「특허법」에 따른 특허 또는 「실용신안법」에 따른 등록실용신안이 적용된 제품, 「저작권법」에 따른 저작권등록이 된 소프트웨어로서 「소프트웨어산업 진흥법」에 따른 우수품질 소프트웨어 인증제품(GS), 「과학기술기본법」 등 관계 법령에 따른 연구개발 사업을 추진하는 기관의 장과 조달청장이 공동으로 시행한 기술개발 지원사업에 따라 기술개발에 성공한 제품 중 어느 하나에 해당하면 우수제품으로 신청할 수 있습니다.

② 제출서류

우수제품의 지정을 신청하는 자는 해당하는 기술이 제품에 적용되었음을 소명하는 기술소명자료 및 그 기술이 제품에 적용됨에 따라 발생하는 차별적 품질·성능과 조달제품으로서의 품질·성능 신뢰성을 소명하는 품질소명자료를 제출하여야 합니다.

신청제품에 대한 기술소명자료 또는 품질소명자료를 제출하지 아니한 경우에는 해당 신청을 반려할 수 있으므로 유념하여야 합니다. 다만 NEP, GS, 「과학기술기본법」 등 관계 법령에 따른 연구개발 사업을 추진하는 기관의 장과 조달청장이 공동으로 시행한 기술개발 지원사업에 따라 기술개발에 성공한 제품의 경우에는 품질소명자료의 제출을 생략할 수 있습니다.

■ 기술소명자료

기술소명자료는 NEP, NET, GS가 적용된 기술의 경우에는 인증 관련 평가보고서, 특허나 실용신안이 적용된 기술의 경우에는 지정 양식에 따라 구성대비표, 「과학기술기본법」 등 관계 법령에 따른 연구개발 사업을 추진하는 기관의 장과 조달청장이 공동으로 시행한 기술개발 지원사업에 따라 기술개발에 성공한 제품은 연구개발사업 추진기관에서 승인한 해당 연구개발사업 평가보고서 또는 이에 준하는 서류를 작성 제출하면 됩니다.

■ 품질소명자료

품질소명자료는 구촉법에 따른 성능인증(EPC), 「자원의 절약과 재활용 촉진에 관한 법률」에 따른 우수재활용인증(GR), 「환경기술 및 환경산업 지원법」에 따른 환경표지(환경마크), 「산업기술혁신 촉진법」에 따른 성능인증(K마크), 「소프트웨어산업 진흥법」에 따른 우수품질 소프트웨어 인증(GS), 「에너지이용 합리화법」에 따른 고효율에너지 인증대상기자재의 인증 표시, 조달사업법 시행령에 따라 조달청장이 고시한 품질관리능력 평가기준에 적합한 자가 제조한 물품, 「지능형로봇 개발 및 보급 촉진법」에 따른 지능형로봇 품질인증(R마크), 「한국보건산업진흥원법」에 따른 보건제품 품질인증(GH), 「부품소재 전문기업 등의 육성에 관한 특별조치법」에 따른 신뢰성 인증 중 어느 하나를 제출하면 됩니다.

그럼에도 불구하고 해당 인증을 받을 수 없거나 인증 취득에 장기간이 소요되는 등 품질소명자료를 제출하지 못하는 특별한 사정이 있다고 인정되는 경우에는 「국가표준기본법」에 따라 인정된 시험기관의 시험성적서나 기타 품질소명자료로 적합하다고 인정되는 자료를 제출할 수도 있는데, 주의할 점은 신청일 기준 2년 이내의 자료여야 된다는 것입니다.

인증 유효기간 등

- 신제품, 신기술 제품 : 최초 인증일로부터 2년 이내
- 특허제품 : 등록 후 5년 이내
- 실용신안제품 : 등록 후 3년 이내
- 품질소명자료의 품질인증 잔여기간은 접수마감일 기준으로 90일 이상이어야 유효

지정신청

우수제품의 지정을 받고자 하는 자는 조달청 홈페이지에 게재하는 지정계획 일정에 따라 조달청 홈페이지에서 우수제품 지정신청 온라인 시스템을 이용하여 신청하면 됩니다.

접속방법은 조달청 홈페이지(www.pps.go.kr) → 업무안내 → 주요정책 → 우수제품 → 우수제품 지정신청 또는 조달청 홈페이지(www.pps.go.kr) → 바로가기 → 우수제품 지정신청에서 신청하면 되며, 이때 나라장터 인증서로 로그인이 가능합니다.

이미 지정된 우수제품과 동일한 용도의 제품이라도 새로운 적용기술이 추가되어 다른 특성이 있는 경우에는 우수제품 지정을 신청할 수 있습니다. 이 경우 우수제품과 신청제품과의 특성을 비교한 기술·성능 비교표를 제출하여야 합니다.

신청자는 특허, 등록실용신안의 권리자(전용실시권자를 포함) 이거나 주무부장관이 지정하는 기술인증을 받은 자로서 신청 제품의 제조 및 조달납품에 관한 모든 권한을 보유한 자여야 합니다. 이 경우 특허·실용신안 등록권리자는 법인의 경우 법인명으로, 개인사업자일 경우 대표자명으로 등록되어 있어야 하며, 적용기술의 권리자가 공동권리자인 경우 계약체결 등 조달청 우수제품과 관련된 모든 행위는 ㈜○○에서만 행할 것을 상호 약정한다는 약정서를 제출하여야 합니다. 단, 적용기술의 권리자가 공동권리자인 경우에 있어서 신청자를 제외한 다른 공동권리자가 대기업인 경우 약정서를 제출하지 않아도 됩니다.

우수제품 지정신청 제출서류는 다음의 표와 같습니다.

우수제품 지정신청 제출서류

번호	서 류 명
1	우수제품지정 평가자료
2	우수제품지정(연장·규격추가)신청 서류제출 신뢰 서약서
3	정보공개동의서
4	우수제품지정신청서
5	신청제품 목록
6	제품설명서(PDF파일로 별도 CD 제출)
7	주요구성품별 단가표(시스템장비에 한함)
8	경제성효과(LCC) 원가분석 총괄표(원가계산서 첨부)
9	신청사항 요약서
10	구성대비표
11	신청 모델(규격)내역
12	제품사진(PDF파일로 별도 CD 제출)
13	기술·품질 소명자료 목록

14	o 기술소명자료
	  - NEP, NET 등 인증서 사본 및 관련 종합평가보고서(인증에 적용된 특허 등의 등록증, 등록원부(등본) 및 등록공보 사본 포함)
	  - 특허, 실용신안 등록증, 등록원부(등본) 및 등록공보 사본
	  - GS인증이 적용된 저작권등록 소프트웨어 : GS인증서, 시험결과서, 프로그램 등록증 및 프로그램 등록부(최근 3개월이내)
	  - 관련기관이 발행한 연구개발사업 관련 증서 및 평가보고서
	o 품질소명자료
	  - 품질 인증서 사본, 인증 관련 종합평가보고서, 공인시험기관(국가, 지자체)의 시험 성적서 등
	※ 품질보증조달물품의 경우, 현장심사보고서 제출 생략
	o 관련 법령에 따라 사전에 형식등록, 안전 인증, 전자파적합등록 등이 필요한 제품의 경우 관련 등록 또는 인증서 사본

15	제품규격서(PDF파일로 별도 CD 제출)
16	기술성능 비교표
17	약정서
18	해외 진출실적
19	신인도 자기평가표 및 증빙자료
20	o 직접생산확인증명서 : 중소기업자간 경쟁제품의 경우 o 공장등록증명서 : 일반물품의 경우 * 일반물품 중 소기업의 경우 사업자등록증과 건축물관리대장으로 갈음 가능하며, 제출서류는 「조달청 제조물품 직접생산확인 기준」에 따름

21	o 중소기업 : 중·소기업·소상공인 확인서(공공기관 입찰 확인용)
	o 중견기업
	  ① 조달사업법시행령 제18조 제2항 제1호의 기업
	  - 신청일 기준 3년 이내 중·소기업·소상공인 확인서(공공기관 입찰 확인용)
	  - 신청일 기준 1개월 이내 중견기업확인서(중소기업자간 경쟁입찰 참여용)
	  - 지정신청 직전 3년 평균 연매출 증빙자료(재무제표, 손익계산서 등)
	  ② 조달사업법시행령 제18조 제2항 제2호의 기업
	  - 지정신청 직전 3개 사업연도 평균매출액 증빙자료(재무제표, 손익계산서 등)
	  - 신청일 기준 1개월 이내 중견기업확인서(중소기업자간 경쟁입찰 참여용)

22	신용평가등급확인서
23	'경쟁입찰참가자격등록증

제출 서류는 우수제품지정신청서 접수마감일 이전에 인정(발급)받은 건에 한합니다. 다만 특허 실용신안 등록원부는 신청서 접수일 기준 1개월이내 발행분으로 제출하면 됩니다.

기술·품질 소명자료는 인증기관의 종합평가서 등 기술, 품질을 확인할수 있는 자료를 함께 제출하여야 하며, 관련 법령에 따라 사전에 형식등록, 안전인증, 전자파적합등록 등이 필요한 제품의 경우 반드시 관련 등록또는 인증서 사본을 제출하여야 합니다.

중·소기업·소상공인 확인서란「중소기업기본법」제2조 및「소기업및 소상공인 지원을 위한 특별조치법 시행령」제2조의 규정에 따른 확인서를 말합니다.

한편 중견기업확인서란「중견기업성장촉진 및 경쟁력 강화에 관한 특별법」제25조에 따른 확인서, 여성기업 확인서란「여성기업지원에 관한 법률 시행령」제2조의 규정에 의거 중소벤처기업부장관이 확인해 준 서류입니다.

경쟁입찰참가자격등록증은 신청 물품의 물품분류번호 8자리가 제조 물품으로 등록된 것이어야 하고, 품질소명자료의 품질인증 잔여기간이 우수제품지정신청서 접수마감일을 기준으로 90일 미만인 경우 품질소명자료로서불인정 받게 되므로 주의하여야 합니다. 다만, 공장등록증명서, 직접생산확인증명서, 경쟁입찰참가자격등록증, 신용평가등급확인서는 1차 심사 후 제출할 수 있습니다. 그 외는 최초 신청할 때 제출하여야 합니다.

신청업체는「경제성효과(LCC) 원가분석 총괄표」와 「원가계산서」를 제출하여야 하는데, 경제성효과 원가분석 총괄표는 회계예규 예정가격작성기준 제31조에 의한 원가계산용역기관의 요건을 갖춘 공인 원가계산기관이 발행한 것이어야 합니다.

경제성효과 원가분석 총괄표는 신청제품의 대표규격에 한하고, 신청업체의 다른 제품 또는 다른 업체의 유사제품과 비교하여야 합니다. 경제성효과는 취득원가 + 사용원가 ± 폐기원가로 구성됩니다. 제출여부는 선택사항이지만, 평가 시 가점을 받을 수 있습니다.

신청자는 적용기술, 기술소명자료 및 품질소명자료를 포함하여 동등 이상이 되도록 규격서를 작성하여야 합니다.

참고로 신청자는 우수제품 지정신청 전에 대상제품에 대하여 물품목록번호를 부여받아야 합니다.

한편, 우수제품 신청서류 일체가 포함된 CD를 1매 제출하여야 하고, 제품설명서, 제품사진, 제품규격서는 별도로 PDF파일로 작성한 CD도 1매 제출하여야 합니다.

심사

심사는 기술·품질 등을 심사하는 1차 심사와 조달품목의 적합성 등을 심사하는 2차 심사로 구분하여 단계별로 심사합니다.

① 1차 심사

1차 심사는 신청제품을 제품의 용도, 적용기술 등을 고려하여 전기전자, 정보통신, 기계장치, 건설환경, 화학섬유, 사무기기, 과기의료, 지능정보분야 등으로 분류하여 심사 분야별로 5인 이상 10인 이내로 구성되는 우수제품지정기술심의회에서 합니다.

한편 심사과정에서 제품에 대한 설명 또는 자료 등이 필요한 경우에는 이를 신청자에게 요구할 수 있는데, 이 경우 제품에 대한 설명 또는 자료는 제품규격서와 일치하여야 한다는 점을 유념하셔야 하겠습니다.

심사와 관련하여 기술, 품질 등에 대한 정밀조사나 추가확인 등이 필요하여 당해 심사에서 판정이 곤란한 경우에는 다음 회의 심사로 이월하여 심사할 수 있음도 알아 두세요. 이 경우 심사에 필요한 자료를 신청자에게 요구할 수도 있습니다.

여기서 중요한 포인트 한 가지, 신청서류에 대한 기간계산 등의 기준일은 법령 등 다른 규정에서 정한 것을 제외하고 우수제품지정신청서 접수 마감일을 기준으로 합니다.

한편, 계약심사협의회에 상정할 사항, 특별한 사정 유무·기술소명자료·품질소명자료의 인정 여부, 우수제품 심사·지정 제외 여부, 지정기간의 연장·규격추가, 지정취소와 관련된 사항은 신기술서비스업무심의회의 심의를 통해 결정한답니다.

그리고 장기진입업체를 제한하기 위해서 동일한 물품분류번호(8자리)에 속하는 제품으로 이미 지정받은 제품의 기본 지정기간(지정연장기간은 제외)의 누적기간(중복된 기간을 제외)이 10년 이상인 경우에는 사전심사를 하여 기준을 충족하는 경우에만 심사를 허용합니다.

사전심사의 평가항목은 수출, 고용창출 효과 등을 포함하며, 구체적인 심사기준은 다음의 표와 같습니다.

사전심사 적용기준

구 분		적용범위
원칙		동일 품명에 대해 누적된 기본 지정기간(3년)이 10년 이상일 경우 향후 신청 제한
예외	수출	○ 3% 이상 (아래 각 항목 중 1개 이상에 대하여) • 최근 1년간 해당 품명의 수출비중 • 최근 1년간 매출액의 수출비중 • 최근 3년간 해당 품명(물품분류번호 8자리 기준)의 수출비중 • 최근 3년간 매출액의 수출비중
		○ 5백만 불 이상 • 최근 3년간 수출실적이 5백만불 이상인 경우
	고용 증가율	○ 5% 이상 • 전년도 6개월간 평균 고용인원 대비 해당년도 최근 6개월간 평균 고용인원 증가율이 5% 이상인 경우

■ 심사위원

심사위원은 대학의 조교수 이상, 국·공립 연구기관 또는 이에 준하는 정책연구기관이나 전문연구기관의 책임연구원 이상, 경력 3년 이상의 특허심사관·변리사, 인증심사경력 2년 이상의 국·공립기관의 연구관, 기타 관련분야 전문가로 구성됩니다.

심사위원은 건설환경, 기계장치, 사무기기, 전기전자, 정보통신, 화학섬유, 과기의료, 지능정보분야 등 전문기술 분야별로 구분하여 위촉하며 위촉된 심사위원은 인력 풀로 운영합니다.

심사위원의 위촉기간은 위촉일로부터 2년이며 심사업무 태만 등 특별한 사유가 없을 경우 별도의 절차 없이 재 위촉할 수 있습니다.

■ 평가항목(평가지표)

1차 심사는 기술의 중요도 및 품질의 우수성 등을 평가하는 기술·품질심사, 중소·벤처기업 지원효과 등을 평가하는 신인도심사로 나누어 심사합니다. 단, 신인도 심사 점수는 우수제품협회에서 사전에 검토할 수 있습니다.

심사는 평가지표별로 평가하는데, 일반제품의 경우 기술심사는 3개의 평가지표가 있고, 품질심사는 2개의 평가지표가 있습니다.

기술심사 평가지표는 종래 기술의 문제점 또는 한계점에 대한 기술개발의 필요성 정도와 그 기술개발의 수준이나 난이도를 평가하는 기술개발의 필요성 및 난이도, 종래 기술 대비 개발한 기술의 혁신성·창의성·독창성을 평가하는 기술의 혁신성, 해당 기술이 핵심·중요·일반·주변기술로서 그 정도를 평가하는 신청제품의 기능 구현에 있어서 해당 기술이 차지하는 비중(기술 관련성)을 각각 매우 탁월, 탁월, 보통, 미흡, 매우 미흡 등 5단계로 평가합니다.

품질심사는 해당 기술이 적용됨으로써 성능·품질향상에 기여하는 비중을 평가하는 해당 기술이 적용됨에 따라 발생되는 특별한 효과, 사용하는 수요기관에 발생하는 편익과 비용의 절감효과를 평가하는 조달물자로서의 품질·성능 신뢰성을 각각 매우 탁월, 탁월, 보통, 미흡, 매우 미흡 등 5

단계로 평가합니다.

한편, 기술품질가점을 최대 5점까지 받을 수 있습니다.

신성장산업 및 4차산업혁명 관련[신성장산업 관련 : 신청제품이 속한 산업분야와 관련하여 '첨단융합', '미래유망' 등의 특성이 있고, 신청제품의 지정으로 인해 관련 산업의 '고용 및 수출증대'의 효과가 있다고 인정되는 경우, 4차산업혁명 관련 : 신청제품이 지능정보기술(인공지능, 사물인터넷, 빅데이터, 클라우드, 인공지능로봇, 무인자율자동차·무인항공기 등)에 기반하거나 이들 기술의 융·복합된 제품으로서 혁신성과 수요창출 가능성이 높다고 인정되는 경우] 각 1~5점, 국산화 성공 및 외산 대체 관련(국산화에 성공하여 외산 제품 대체 효과가 있다고 인정되는 경우 국산화 비율, 외산 대체 효과 등을 고려하여) 1~5점, 산업융합 신제품 적합성 인증 관련(산업융합 신제품 적합성 인증을 받은 경우 신청제품과 인증 간의 관련성에 따라) 1~3점, 녹색기술 인증 관련(녹색기술 인증을 받은 경우 신청제품과 인증 간의 관련성에 따라) 1~2점, 경제성(LCC) 효과 관련(자사 또는 타사의 유사제품 대비 경제적 가치가 높은 경우) 1점의 가점을 받을 수 있습니다. 그러나 모두 다 합쳐 최대 5점까지입니다.

가구제품의 경우 기술심사는 3개의 평가지표가 있고, 디자인심사는 4개의 평가지표가 있으며, 품질심사는 2개의 평가지표가 있습니다.

기술심사 평가지표는 종래 기술의 문제점 또는 한계점에 대한 기술개발의 필요성과 그 기술개발의 수준이나 난이도를 평가하는 기술개발의 필요성 및 난이도, 종래 기술 대비 개발한 기술의 혁신성·창의성·독창성 정도를 평가하는 기술의 혁신성, 해당 기술이 핵심·중요·일반·주변기술로서 그 정도를 평가하는 신청제품의 기능 구현에 있어서 해당 기술이 차지하는 비중(기술 관련성)을 각각 매우 탁월, 탁월, 보통, 미흡, 매우 미흡 등 5단계로 평가합니다.

품질심사는 해당 기술이 적용됨으로서 성능·품질향상에 기여하는 비중을 평가하는 해당 기술이 적용됨에 따라 발생되는 특별한 효과, 사용하는 수요기관에 발생하는 편익과 비용의 절감효과 정도를 평가하는 조달물자로서의 품질·성능 신뢰성을 각각 매우 탁월, 탁월, 보통, 미흡, 매우 미흡 등 5단계로 평가합니다.

디자인심사는 혁신성, 심미성, 사용성, 조화성 등 4개의 평가지표를 각각 매우 탁월, 탁월, 보통, 미흡, 매우 미흡 등 5단계로 평가합니다.

한편, 가구제품도 일반제품과 같이 기술품질가점을 최대 5점까지 받을 수 있습니다.

S/W제품은 위의 일반제품이나 가구제품과는 다른 방식으로 평가합니다. 4개의 평가항목을 적절 또는 부적절로 평가합니다. 모든 평가항목에서 적절로 평가된 경우에만 종합적으로 '적절'로 평가되고, 부적절로 평가된 평가항목이 하나라도 있는 경우에는 '부적절'로 평가받게 됩니다.

사용자 목적에 따라 적합·정확한 기능을 제공하며, 사용자가 소프트웨어를 활용하기 위한 방법, 조건, 인터페이스, 메뉴구성 등 제어환경을 쉽고 편하게 제공하는 능력을 보는 기능성·편리성, 결함이나 문제 발생 시 지정된 수준의 성능을 유지하고 데이터를 복구하며, 인가되지 않은 사람이나 시스템의 액세스를 방지하여 정보 및 데이터를 보호하는 능력을 보는 신뢰성·보안성, 환경과 요구사항에 따라 용이한 소프트웨어의 수정·개선을 제공하며, 특정한 환경에서 다른 환경으로 적응·이식·설치·대체될 수 있는 능력을 보는 유지성·이식성, 시간효율성(응답시간, 반환시간, 처리시간) 및 자원효율성(I/O자원, 메모리, CPU)을 적절하게 제공하는 능력을 보는 효율성을 각각 적절 또는 부적절로 평가합니다.

　연구개발사업 기술개발제품은 신청의 자격이 된 연구개발(R&D)사업과 해당 제품의 연관성, 해당 제품이 연구개발사업을 통하여 개발된 제품임을 인정할 수 있는 지 여부를 평가하는 연구개발사업과 신청한 기술개발제품 간의 연관성, 사용자 편의성, 안전성, 효율성, 내구성, 에너지절약, 보안, 환경친화성 등 해당하는 성능·품질의 신뢰성 또는 기술개발제품으로서의 혁신성이 적절한 지 여부를 평가하는 조달물자로서의 성능·품질 신뢰성 또는 혁신성을 각각 적절 또는 부적절로 평가합니다.

　S/W제품과 마찬가지로 모든 평가항목에서 적절로 평가된 경우에만 종합적으로 '적절'로 평가되고, 부적절로 평가된 평가항목이 하나라도 있는 경우에는 '부적절'로 평가받게 됩니다.

■ 신인도 평가

신인도 자기평가표는 다음 쪽의 표와 같습니다.

해당항목에 "✔" 또는 "O"로 체크하고 자기평점을 기재하여야 하며, 관련 증빙서류를 반드시 첨부하여야 합니다.

②, ③에 대한 평가는 신청제품과 동일제품(품명)에 대한 인증으로 하며, ①, ②, ③, ④, ⑤의 합계는 5점을 초과할 수 없습니다.

'국제디자인공모전'이란 5개국 이상의 국가가 참가하고 연 1회 이상 개최되는 디자인 공모전을 말하며, 관련 증빙서류는 우수제품지정 신청 시 제출하여야 하고 완제품에 한합니다.

신인도 자기평가표

I. 가점항목	배점	자기평점
① 수출관련 어느 하나에 해당하는 경우(하나만 인정) 가. 신청제품과 동일·유사한 제품을 수출한 경우 - 신청제품명과 수출신고필증(또는 구매확인서) 상의 거래품명 대조 나. 조달청 G-PASS기업인 경우	(3점) (1점)	
② 다음 중 하나를 획득한 제품 KS인증, 단체표준인증, Q마크, 에너지소비효율1등급제품, '건'자 마크, GMP, 임업촉진법에 따른 목재품질인증, 디자인등록(부분디자인 등록 제외), UL, CE, JIS, CCC	(1점)	
③ 다음 중 하나를 획득한 제품 우수발명품, 우수디자인상품(GD), PIN-UP상(한국산업디자이너협회), 국제디자인공모전수상, 대한민국소프트웨어대상, 디지털콘텐츠대상, 「중소기업기술혁신촉진법」 제9조에 따른 구매조건부 신제품개발사업(공공부문) 또는 민·관 공동투자 기술개발사업(공공부문)을 통해 기술개발에 성공한 제품, 신재생에너지설비 KS인증을 받은 제품	(2점)	
④ 다음 중 하나에 해당하는 기업이 생산한 제품 여성기업, 벤처기업, INNO-Biz기업, 경영혁신형 중소기업, 노사문화우수기업, 장애인 기업, 장애인 고용 우수기업, 신규채용 우수기업, 창업 초기기업, 기술나눔 우수기업, 우수 Green-Biz기업, 청년고용 우수기업, 여성고용 우수기업, 가족친화인증기업, 사회적기업, 시간선택제일자리창출우수기업, 일·생활균형캠페인 참여기업	(1점)	
⑤ 조달업무 유공업체 - 조달청장 표창을 받은 업체 * 지정신청마감일 기준 최근 2년 이내 표창 받은 실적	(점당 0.5, 최대1점)	
소 계(최대 5점)	(5점)	

II. 감점항목	배점	자기평점
⑥ 우수제품지정신청서 접수마감일 기준 1년 6월 이내에 관련법령에 따라 부정당업자 제재를 받은 경우 각각의 제재기간 합이 다음과 같은 경우 - 1월 - 1월 초과 6월 미만 - 6월 이상 1년 미만 - 1년 이상	(-1점) (-3점) (-5점) (-7점)	
⑦ 우수제품지정신청서 접수마감일 기준 1년 이내에 관련규정에 의하여 쇼핑몰 거래정지를 받은 경우로 각각의 정지기간의 합이 다음과 같은 경우 - 3월 미만 - 3월 이상 6월 미만 - 6월 이상	(-1점) (-2점) (-3점)	
⑧ 우수제품지정신청서 접수마감일 기준 1년 이내에 제11조의2에 따른 통보의무를 위반한 경우	(-3점)	
⑨ 우수제품지정신청서 접수마감일 기준 2년 이내에 제22조제1항제1호 및 제3호의 사목에 따라 지정 취소된 경우	(-10점)	
⑩ 「남녀고용평등과 일·가정 양립 지원에 관한 법률」에 따라 최근 2년 이내에 고용노동부장관으로부터 적극적 고용개선조치 미이행사업주로 명단이 공표된 자	(-2점)	
⑪ 근로기준법에 따라 고용노동부장관으로부터 체불사업주로 명단이 공개중인 자	(-2점)	
소 계(최대 -10점)	(-10점)	
III. 합계 (I+II)	최대 5점	

쇼핑몰거래정지(징계에 한함)를 받은 경우에 대한 감점처리는 신청물품의 물품분류번호 8자리가 동일한 경우에 한함(단, 제4조의2제2항에 따른 신청의 경우에는 해당 항목 평가생략 가능).

각 항목은 제출된 자료에 준하여 평가하되, 유효기간 이내인 것에 한하여 평가합니다. 다만, 유효기간이 정해지지 아니한 경우에는 심사마감일 전일부터 기산하여 2년 이내에 받은 것에 한하여 평가하므로 유위하여야 합니다(사후관리 등을 통하여 유효기간이 계속 연장되는 경우 그 기간까지를 유효기간으로 평가).

신규채용 우수기업은 전년도 6개월간 평균고용인원 대비 해당년도 최근 6개월간 평균고용인원 증가율이 4% 이상인 기업이 해당됩니다.

신규채용 우수기업은 해당년도 우수제품 신청서 접수마감일 기준 전월 기산 평가기간에 해당하는 고용사실을 증명할 수 있는 서류에 따라 평가하게 됩니다. 고용사실 증명은 「국민건강보험법」에 따른 국민건강의료보험, 「국민연금법」에 따른 국민연금 관련 증빙서류에 따릅니다.

해당년도 최근 6개월간 평균고용인원은 우수제품 신청서 접수마감일 기준 전월 기산 최근 6개월간의 고용인원을 합산하여 평균하고, 직전년도 6개월간 평균고용인원은 해당년도 고용인원 산출 시작시점부터 그 직전년도 동기간의 고용인원을 합산하여 평균합니다.

신규고용인원 증가율은 해당년도 최근 6개월간 평균고용인원을 직전년도 동기간 평균고용인원으로 나누어 계산합니다.

해당 우수제품 신청서 접수마감일 전월부터 기산하여 설립된 지 1년 6개월 미만인 신설기업의 경우에는 총 고용인원(대표자 제외)이 3인 이상인 경우 1점으로 평가합니다.

접수마감일이 '19. 2. 8.인 경우의 예를 들어 보겠습니다.

직전년도 6개월간 평균고용인원

'17.08	'17.09	'17.10	'17.11	'17.12	'18.1
100명	100명	100명	100명	102명	101명

해당년도 최근 6개월간 평균고용인원

'18.08	'18.09	'18.10	'18.11	'18.12	'19.1
103명	104명	103명	104명	104명	105명

먼저, 직전년도 6개월간의 평균고용인원을 계산합니다.

(100+100+100+100+102+101)/6 = 100.5 ⇒ 101명

다음으로 해당년도 최근 6개월간의 평균고용인원을 계산합니다.

(103+104+103+104+104+105)/6 = 103.83333··· ⇒ 104명

따라서 신규고용인원 증가율은

104/101 = 1.02970297··· = 102.970297···% ⇒ 2.9703% 증가

여기서 고용인원 계산결과의 소수점 처리는 소수 첫째 자리에서 올림을 하고, 고용비율 계산결과 소수점 처리는 소수점 다섯째 자리에서 반올림 합니다.

창업 초기기업은 지정신청 마감일 기준 당시, 사업자등록증 상의 개업 일자가 7년 이내인 중소기업이 해당됩니다.

기술나눔 우수기업은 소상공인 또는 창업초기기업에게 특허기술을 제공한 기업이 해당되는데, 이때는 특허등록원부 상 '공유특허권 또는 실시권 설정' 여부 및 관련 '기술이전 계약서'를 제출하면 됩니다.

우수 Green-Biz 기업은 '녹색경영우수중소기업 확인서'가 발급된 기업, 청년고용 우수기업은 고용노동부가 선정한 일·학습 병행 기업, 가족친화 인증기업은 「가족친화 사회환경의 조성촉진에 관한 법률」 제15조에 따른 가족친화 인증을 받은 기업, 사회적기업은 「사회적기업 육성법」 제7조에 따라 고용노동부장관으로부터 사회적기업으로 인증을 받은 기업, 시간선택제일자리창출우수기업은 고용노동부장관으로부터 '시간선택제 일자리 창출 우수기업'으로 선정된 업체, 일·생활균형캠페인 참여기업은 고용노동부 장관으로부터 일·생활균형캠페인 참여기업으로 선정된 업체, 여성고용 우수기업은 전체 고용 인원 대비 여성 고용비율이 50% 이상인 기업이 해당됩니다.

「남녀고용평등과 일·가정 양립 지원에 관한 법률」에 따라 최근 2년 이내에 고용노동부장관으로부터 적극적 고용개선조치 미이행사업주로 명단이 공표된 자는 우수제품 지정신청서 접수마감일을 기준으로 최근 2년 이내에 고용노동부장관이 공표한 적극적 고용개선조치 미이행 사업주 명단의 자료에 표시된 '사업장'명을 기준으로 적용합니다('2017. 10. 11. 이후 공표된 자부터 적용).

「근로기준법」에 따라 고용노동부장관으로부터 체불사업주로 명단이 공개중인 자는 우수제품 지정신청서 접수마감일을 기준으로 고용노동부장관이 공개중인 체불사업주 명단의 '사업장'에 대하여 적용합니다.

여성기업은 「여성기업지원에 관한 법률 시행령」 제2조의 규정에 의거 중소벤처기업부장관(위임한 경우 포함)이 확인해준 '여성기업 확인서'를 제출하여야 합니다.

노사문화 우수기업은 고용노동부장관(위임한 경우 포함)이 확인해 준 '노사문화 우수기업 인증서'를 제출(단, 우수제품 신청서 접수마감일 기준 유효기간이 경과된 것은 인정하지 아니함), 장애인기업은 중소벤처기업부장관(위임한 경우 포함)이 확인해 준 '장애인기업 확인서' 제출, 장애인 고용 우수기업은 고용노동부장관(위임한 경우 포함)이 확인해 준 '장애인 고용 우수사업주 인증서'를 제출(단, 우수제품 신청서 접수마감일 기준 유효기간이 경과된 것은 인정하지 아니함), 신규채용 우수기업은 「국민건강보험법」 또는 「국민연금법」에 따른 고용사실 증명 서류를 제출하여야 됩니다.

창업초기기업은 지정신청 마감일 기준 개업일자가 7년 이내로 기재된 사업자등록증, 기술나눔 우수기업은 지정신청 마감일 기준 최근 3년 이내에 소상공인 또는 창업초기기업에게 특허기술을 제공했음을 증명할 수 있는 서류(기술이전 계약서 및 공유특허권/실시권 설정 등록원부 등), 우수 Green-biz기업은 '녹색경영우수중소기업확인서'를 제출하여야 합니다.

청년고용 우수기업은 고용노동부로부터 선정된 일·학습 병행기업 확인 서류, 여성고용 우수기업은 전체 고용 인력 대비 여성 고용비율을 확인할 수 있는 '국민연금 사업장가입자 명부' 등 증빙서류, 구매조건부 신제품 또는 민관 공동투자 기술개발제품 등은 이를 확인할 수 있는 증빙서류를 제출하여야 합니다.

한편, 우수제품 지정 신청 시 신용평가등급확인서도 제출하여야 하는데, 신용평가등급확인서에 의한 평가는 「신용정보의 이용 및 보호에 관한 법률」 제4조제1항제1호 또는 제4호의 업무를 영위하는 신용정보업자가 심사기준일 이전에 평가한 유효기간 내에 있는 회사채, 기업어음, 기업신용평가등급을 가장 최근의 신용평가등급을 기준으로 평가합니다. 단, 신용평가등급확인서를 제출하지 아니한 경우와 신용평가 등급이 회사채 CCC+(기업어음 C) 이하일 때는 "부적합" 처리합니다. 다만, 창업초기기업으로서 기술신용등급 확인서의 기술등급이 T4(양호) 이상인 경우에는 "적합"으로 처리합니다.

회사채(또는 기업어음)에 대한 신용평가등급 및 기업신용평가에 따른 평점이 다른 경우에는 높은 평점으로 평가합니다.

합병한 업체에 대하여는 합병 후 새로운 신용평가등급으로 심사하여야 하며, 합병 후의 새로운 신용평가등급이 없는 경우에는 합병대상업체 중 가장 낮은 신용평가등급을 받은 업체의 신용평가등급으로 심사합니다.

■ 통과 점수

우수제품 심사(심사특례가 적용되는 제품은 제외)의 평점은 심사위원이 평가한 최고·최저점수를 제외한 점수를 평균한 점수와 신인도 점수의 합으로 하며, 신청제품은 평점이 70점 이상이어야 1차 심사를 통과합니다. 다만, 「저작권법」에 따른 저작권등록이 된 소프트웨어로서 「소프트웨어산업 진흥법」에 따른 우수품질 소프트웨어 인증제품(GS)과 「과학기술기본법」 등 관계 법령에 따른 연구개발 사업을 추진하는 기관의 장과 조달청장이 공동으로 시행한 기술개발 지원사업에 따라 기술개발에 성공한 제품은 심사위원 2/3 이상이 '적절'로 평가한 경우에 1차 심사를 통과합니다.

한편, 심사 점수, 주요 평가 의견 등의 심사결과는 1차 심사 종료일부터 10일 이내에 통보가 옵니다.

"야호! 드디어 1차 통과다!"라고 만세를 부르고 싶습니까, 아니면 고개를 숙이고 낙담에 빠져 있겠습니까?

■ 심사 제외

다음의 어느 하나에 해당하는 경우에는 심사에서 제외하거나 우수제품 지정에서 제외될 수 있으니 유의하여야 합니다.

- 신청서류를 위조·변조하거나 허위서류를 제출한 경우
- 조달수요가 없는 것이 명백하거나, 조달물자로서 부적합한 경우
- 법 제9조의2제1항제1호에 해당하지 않는 기업 또는 구촉법 제8조의2 제1항에 해당하는 기업이 생산한 제품인 경우
- 심사항목에서 제외하여야 하는 적용기술이 포함된 제품인 경우
- 이미 지정을 받은 우수제품과 물품목록번호(16자리)가 동일한 제품을 신청한 경우
- 신청 제품이 이동 또는 설치·시공 과정에서 성질 또는 상태 등의 변형 가능성이 높아 우수제품으로서의 관리가 곤란한 경우
- 조달물자로 공급하기 곤란한 음·식료품류, 동·식물류, 농·수산물 류, 무기·총포·화약류와 그 구성품, 유류 및 의약품(농약) 등

■ 의견수렴

우수제품 심사에 참고하기 위하여 지정 신청내용과 1차 심사결과를 조달청 인터넷 홈페이지 등에 일정기간 공개하고 있으며, 이해관계인은 의견을 제출할 수 있습니다.

의견을 제출하는 자는 이해관계를 소명하여야 하며, 그 소명이 부족한 경우 제출된 의견을 반려할 수 있습니다.

또한 이해관계인의 요청이 있는 경우 개인정보, 경영·영업상 비밀, 심사 위원 별 세부점수 등을 제외하고 1차 심사 결과를 열람하게 할 수 있습니다.

② **2차 심사**

■ 심사 대상

2차 심사는 1차 심사를 통과한 제품을 대상으로 조달청 계약심사협의 회(이하 "계약심사협의회")에서 심사합니다.

이때 1차 심사 결과, 이해관계인의 의견 및 생산현장 실태조사 결과를 계약심사협의회에 상정하게 됩니다.

■ 심사·심의사항

계약심사협의회는 2차 심사 상정 제품에 대하여 조달품목으로서의 타당 성(신성장 산업 제품에 대해서는, 해당제품이 신성장 산업분야로서 적합하 다고 판단되는 경우 이를 지정), 우수제품 지정요건에 부합하는 지 여부 등을 종합적으로 검토하여 우수제품 지정 여부를 결정합니다. 다만, 규격 사항 등 보완이 가능한 제품에 대하여는 보완 후 재상정 할 수 있도록 결정할 수도 있습니다.

참고로 계약심사협의회는 우수제품제도 운영과 관련하여 우수조달물품 지정제도 운영과 관련한 주요사항, 우수제품의 이의제기에 대한 주요사항, 우수제품 지정취소 등 관련 주요사항, 기타 우수제품업체 사후관리 등 주요사항을 심의합니다.

지정

■ 지정결과 통보 및 지정증서 교부

우수제품 지정결과는 2차 심사 후에 신청자에게 통보가 옵니다. 이때
지정 탈락, 보완 후 재상정으로 결정한 제품에 대하여는 그 내용이 통보
될 수도 있습니다.

우수제품으로 지정된 제품에 대하여는 신청자에게 우수제품 지정증서를
교부해 줍니다.

우수제품 지정업체(이하 "우수제품업체")는 우수제품 심사 시 적용기술 및 권리, 규격 등 제반사항에 대해 우수제품 지정기간이 종료할 때까지 변동 없이 계속 유효하도록 관리하여야 합니다.

우수제품업체는 적용기술 및 권리, 규격, 품질 관련 인증 등 제반사항이 변동되거나 관련 법규의 제·개정 등으로 변경하여야 할 경우에는 해당사유가 발생한 날로부터 30일 이내에 우수제품 담당부서에 통보하여야 합니다.

지정의 효과를 살펴보면, 국가계약법 시행령 제26조제1항제3호바목에 의거 수의계약을 통해 종합쇼핑몰에 등재할 수 있습니다.

중소벤처기업부는 조달사업법 시행령 제18조제1항에 따라 우수제품으로 지정된 제품은 구축법 제14조제1항 및 같은 법 시행령 제13조에 따라 우선구매대상 기술개발제품으로 지정 고시하여야 합니다. 그리고 구축법 제14조제3항에 따라 우선구매대상 기술개발제품을 구매하기로 계약한 공공기관의 구매 책임자는 고의나 중대한 과실이 입증되지 아니하면 그 제품의 구매로 생긴 손실에 대하여 책임을 지지 아니하는 면책규정이 있습니다. 따라서 수요기관의 적극적인 구매행위가 이루어질 수 있습니다.

또한 매년 개최되는 나라장터 엑스포 전시회에 참가할 기회가 주어지며, 거기서 수출지원 효과도 발생하게 됩니다. 더불어 동종업계 다른 제품에 비해 유리한 마케팅 지위를 확보할 수 있는 보이지 않는 메리트도 생깁니다.

■ 지정기간 및 연장

우수제품의 지정기간은 기본적으로 지정일로부터 3년입니다.

다음의 어느 하나에 해당하는 경우에는 그 지정기간을 1년씩 연장할 수 있는데, 중복적으로 해당하는 경우 최대 3년의 범위에서 연장할 수 있습니다.

- 지정기간 중 수요기관 납품실적이 있는 경우 또는 연장 신청 직전 연도 총매출액 대비 기술개발 투자 비율이 8% 이상인 경우
- 지정기간 연장 신청일 기준 최근 1년간(3년간) 해당 우수제품과 동일 품명(물품분류번호 8자리 기준) 제품의 수출실적이 최근 1년간(3년간) 해당 우수제품의 총매출 대비 3% 이상인 경우
- 지정기간 연장 신청일 기준 최근 3년간 해외 수출 총 실적이 1천만 불 이상인 경우 또는 총매출 대비 30% 이상인 경우
- 우수제품 지정일 대비 연장 신청일 기준으로, 전체 고용인원 대비 청년고용증가인원이 3% 이상인 기업 또는 전체 고용인원 증가율이 5% 이상인 소기업 및 4% 이상인 중기업
- 우수제품 지정일 대비 연장 신청일을 기준으로 전체 고용인원 증가율이 20% 이상이면서 지정일로부터 연장신청일 전월까지 고용한 신규채용인력의 95% 이상이 정규직인 경우

만약 위와 같은 이유로 지정기간이 연장된 경우에는 동일한 사유로 다시 지정기간을 연장할 수는 없습니다.

우수제품의 지정기간을 연장 받고자 하는 우수제품업체는 지정기간 만료일 1년 전부터 30일 전까지 지정기간 연장 신청서에 증빙서류를 첨부하여 조달청 또는 우수제품협회에 신청하여야 합니다.

■ 지정기간 연장 제외

지정기간 연장에서 제외될 수 있는 경우가 있으니 잘 알아두셔야 합니다.

우수제품에 적용된 기술의 유효기간이 만료되었거나 우수제품 지정기간 만료일의 익일로부터 기산하여 잔여 유효기간이 6월 미만인 경우, 지정 신청을 한 때 제출한 품질인증의 유효기간이 만료된 경우, 지정기간 연장 신청 기한 내에 연장 신청을 하지 아니한 경우, 지정기간 동안 경고를 2회 이상 받은 경우, 수요기관에 납품한 실적이 없는 경우, 고가납품, 품질불량 등 지정 및 계약 이행 등과 관련하여 물의를 일으킨 경우가 해당되겠습니다.

■ 규격 추가

우수제품의 수요 확대를 위해 우수제품의 규격을 추가로 지정할 수 있습니다.

그러기 위해서는 우수제품의 세부품명과 동일하고, 우수제품의 적용기술 및 품질이 동등하거나 그 이상이며, 우수제품 지정규격과 유사한 규격인 경우에만 추가로 지정받을 수 있습니다. 다만, 고가납품, 품질불량 등 지정 및 계약 이행 등과 관련하여 물의를 일으킨 경우는 제외하고 있죠.

규격을 추가로 지정받고자 하는 우수제품업체는 규격추가신청서를 조달청 또는 우수제품협회에 제출하여야 합니다. 다만, 접수마감일은 1차 심사 신청서 접수마감일을 기준으로 하되, 규격추가 신청은 수시로 할 수 있습니다.

우수제품 규격 추가는 신기술서비스업무심의회의 심의를 거쳐 결정합니다 다만, 기술적 판단이 필요하거나 그 밖에 중요한 사안에 대해서는 기술심의회의 심의를 거쳐 결정할 수 있습니다. 기술심의회를 실시하는 경우 1차 심사에 준하여 심사위원 2/3이상이 '적합'으로 판정한 경우에 규격추가를 할 수 있습니다.

우수제품 규격 추가 심의를 위해 필요하다고 인정되는 경우 신청인에게 추가되는 규격에 대해 기술소명자료 또는 품질소명자료를 제출하도록 요청할 수 있으므로 미리 준비를 해두면 좋습니다.

계약

우수제품 계약은 우수제품업체가 우수제품에 대한 계약요청을 하거나, 수요기관의 구매요청이 있는 경우에 계약 관련 법령에 따라 구매담당부서에서 계약을 검토하게 됩니다.

① 계약방법 결정기준

지정된 우수제품을 국가계약법 시행령 제26조 또는 지방계약법 시행령 제25조에 따라 수의계약을 체결하는 경우에는 제3자단가계약 또는 총액계약을 체결할 수 있습니다.

제품 설명 또는 자료가 제품규격서와 일치하지 않는 경우, 기타 상당한 이유가 있다고 인정되는 경우에는 계약을 체결하지 않을 수도 있으니 유의하시기 바랍니다.

조달요청 가능성이 적은 시스템 장비의 구성품인 경우에도 분리발주 또는 판로지원을 위하여 제3자단가계약 또는 단가계약을 체결할 수 있습니다.

한편, 수요기관이 한정되어 있는 제품의 계약방법에 대하여는 수요기관의 의견을 수렴하여 결정할 수 있습니다.

■ 가격자료 제출

단가계약 체결을 위하여 거래실례가격, 구매실례가격, 유사한 거래실례가격, 원가계산가격, 견적서 등의 가격자료를 요청할 수 있으므로 사전에 준비하는 것이 좋습니다.

거래실례가격, 구매실례가격, 유사한 거래실례가격 자료는 계약 요청일 전월을 기준하여 3개월간의 자료를 규격별로 제출하는 것을 원칙으로 하며, 수명주기가 짧거나 거래빈도가 낮은 규격의 거래 자료는 기간을 조정하여 제출하게 할 수도 있으므로 이에 대비하여야 합니다.

제출한 가격자료가 불명확한 경우에는 일정 기한을 정해 보완을 요구할 수 있으며, 보완 기한까지 보완 서류를 제출하지 않거나 정당한 이유 없이 가격자료를 제출하지 않을 경우에는 계약을 체결하지 아니할 수 있으므로 주의하여야 합니다.

■ 계약 기간

제3자단가계약 또는 단가계약의 기간은 지정기간의 범위 안에서 정할 수 있습니다. 지정기간이 연장된 경우에는 연장된 지정기간의 범위 안에서 계약기간을 연장하거나 새로운 계약을 체결할 수 있습니다.

한편, 총액계약의 경우에는 우수제품 지정기간 내에 계약이 체결되어야 한다는 점 꼭 명심하시기 바랍니다.

■ 다량구매 할인율

단가계약의 경우에는 계약수량, 이행기간, 수급상황, 계약조건 기타 제반여건을 참작하여 규모별 다량구매 할인율을 2단계 이상 제시하여야 합니다.

■ 할인행사

할인은 계약기간 중 각 세부품명(10자리)에 대하여 최대 5회 이내, 1회당 7일에서 15일까지 실시할 수 있습니다. 다만 할인행사 요청은 할인행사 시작일 3일 이전에 이루어져야 하며, 계약기간이 1년 이내인 경우에는 계약기간 중 최대 3회까지 할인행사를 실시할 수 있습니다. 그럼에도 불구하고 계약기간 동안 세부품명별 할인행사기간의 합산 일수가 계약기간의 6분의 1을 초과할 수 없습니다.

할인행사 기간이 지나거나, 할인행사 수량이 소진될 경우 해당 할인행사는 종료되며, 종료 후 20일 이내에는 동일 세부품명에 대하여 다시 할인행사를 할 수 없습니다.

할인행사기간 중에는 동일 세부품명에 대하여 중복하여 할인행사를 할 수 없으며, 할인행사를 취소하거나, 행사내용을 변경할 수도 없습니다. 다만, 수량증량을 내용으로 하는 행사내용 변경은 가능합니다.

② 계약 해지 및 재계약

우수제품에 대한 제3자단가계약 또는 단가계약을 체결하였더라도 우수제품 지정이 취소된 경우, 제품납품 후 중대한 하자가 발생하였을 때, 계약상대자가 제출한 가격자료가 위조 또는 변조되었거나 허위서류 제출, 기타 부정한 방법으로 제출한 사실이 확인된 경우, 기타 중대한 계약불성실 이행 등의 사유가 발생한 때에는 계약이 해지될 수 있으므로 세심한 주의가 필요합니다.

또한 제3자단가 또는 단가로 재계약을 할 경우에는 납품실적, 기술·품질·가격 관리 상태, 거래정지·지정효력정지·부정당업자 제재 등의 이력, 기타 계약관리에 곤란 초래 여부를 고려하여 재계약 여부를 결정하므로 계약관리에 철저를 기하여야 합니다. 총액계약의 경우에도 이에 준하여 계약 여부를 결정할 수 있음을 참고하세요.

③ 품질확보

조달물자의 품질확보를 위하여 필요한 경우, 우수제품이 「산업표준화법」에 따른 표준규격보다 동등 이상이 되도록 규격서 보완, 관련 시험성적서 제출, 인증취득 등의 시정을 요구받을 수 있으므로 미리 이러한 사항을 알고 대비하는 것도 조달업무 전문가의 일이겠죠.

또한 조달품질원에서 우수제품의 계약체결 전에 계약상대방이 작성한 사전 규격서를 검토·보완하여 최종 규격서를 확정할 수 있으며, 최종 규격서가 확정되지 아니한 경우 계약을 체결하지 않을 수 있습니다. 그러므로 규격서가 빨리 확정될 수 있도록 준비하는 것도 조달업무 담당자가 해야 할 일입니다.

사후관리 및 홍보

① 사후관리

우수제품에 대해 수요기관으로부터 불만이 제기된 경우 또는 기타 필요하다고 판단되는 경우에는 해당 제품에 대한 시험검사를 실시할 수 있습니다. 해당제품에 대한 시험검사를 할 경우에는 조달품질원 또는 공인시험기관에 시험검사를 의뢰할 수 있으며, 시험검사 결과 문제가 있는 경우에는 시정을 요구받을 수 있으므로 계약이행을 잘해서 이러한 일이 발생되지 않도록 해야 합니다.

조달청은 우수제품의 지속적인 품질관리를 위하여 생산 또는 납품현장, 납품된 물품에 대하여 품질 및 적용기술의 관리상태 등에 대한 사후점검을 할 수도 있고, 우수제품의 사후관리를 위하여 필요하다고 판단되는 경우에는 재심사를 할 수도 있음을 알아두세요.

한편, 규격추가, 지정기간 연장, 재계약, 수정계약 등 우수제품 혜택의 확대·연장을 받지 못할 수도 있는데, 고가납품, 품질불량 등 지정 및 계약 이행 등과 관련하여 물의를 일으킨 경우에는 위반행위 관련 동일 세부품명(10자리)을 기준으로 적용하고, 관계공무원 등에 뇌물을 준 경우, 국민 안전에 위해를 가한 경우, 담합, 허위·부정서류의 제출, 기타 우수제품의 신뢰를 훼손시킨 경우와 같이 해당업체 제품의 신뢰에 중대한 영향을 주는 위반일 경우에는 업체를 기준으로 적용합니다.

② 제재조치

■ 경고조치

경고조치할 수 있는 사유는 여러 가지가 있습니다.

사회적인 물의를 일으킨 경우, 납품 시 준수의무를 위반한 경우 또는 납품 후 제품의 기술 및 품질, A/S, 사후관리 등에 문제가 발생한 경우, 관리 소홀로 인하여 적용기술에 대한 권리의 일부 이전 또는 양도 등 변동이 발생한 경우, 기타 우수제품 및 계약 관리에 상당한 곤란을 초래한 경우 또는 품질검사에 있어 중결함 이상을 받은 경우에는 경고조치를 받을 수 있으니 조심해야 하겠습니다.

계약금액의 적정성 여부, 우수제품 적용기술의 변동사항 등 확인을 위한 조사 등에 비협조하는 경우에도 경고조치를 받을 수 있습니다.

적용기술 및 권리, 규격, 품질 관련 인증 등 제반사항이 변동되거나 관련 법규의 제·개정 등으로 변경하여야 할 경우에는 해당사유가 발생한 날로부터 30일 이내에 우수제품 담당부서에 통보하여야 하는데 그렇지 않거나 시정요구에 응하지 아니한 경우에도 경고조치를 받을 수 있습니다.

수요기관 만족도 조사결과 연속 3회 이상 '미흡' 평가를 받은 경우에도 경고조치를 받을 수 있으니 유념해야 합니다.

또한, 적용기술 및 규격서 등 제반사항의 유지를 위하여 시정조치가 필요한 경우에는 시정요구를 받은 날부터 30일 이내에 시정결과를 우수제품 담당부서에 통보하여야 하는데, 이행하지 않을 경우 경고조치를 받을 수 있음을 유념하셔야 합니다.

■ 우수제품 지정효력 정지조치

경고조치보다 더 강한 것으로 지정효력 자체를 정지당할 수 있는 경우는 다음과 같습니다.

우수제품 계약과 관련하여 거래정지 당한 경우, 업체 간의 법률분쟁으로 우수제품의 적용기술이 법원에서 무효 또는 침해 등으로 판결된 경우입니다.

또 우수제품업체가 중소기업이나 초기 중견기업에 해당하지 않게 된 경우 또는 구축법 제8조의2제1항(대기업 또는 중소기업자간 경쟁입찰 참여자격 유지·공공조달시장의 점유율 확대 등을 목적으로 분할 등을 하였다고 중소벤처기업부장관이 인정한 중소기업으로부터 분할·분할합병 및 물적분할에 의하여 설립되는 기업과 존속하는 기업이 같은 종류의 사업을 영위하는 경우에 해당하는 중소기업/대기업과 대통령령으로 정하는 지배 또는 종속의 관계에 있는 기업들의 집단에 포함되는 중소기업/정당한 사

유 없이 중소벤처기업부장관의 조사를 거부한 중소기업)에 해당하는 기업
이 된 경우 등이 해당됩니다.

거래정지 조치의 경우에는 거래정지 기간 내에서 우수제품 지정효력을
정지할 수 있으며, 우수제품 적용기술이 법원에서 무효 또는 침해 등의
판결을 받은 업체가 최종심에서 승소하였을 때에는 정지되었던 기간을 추
가하여 지정기간을 새로이 부여받습니다.

■ 지정 취소

우수제품의 지정을 취소할 수 있는 사유는 굉장히 많습니다.

거짓이나 부정한 방법으로 우수제품 지정을 받은 경우 또는 적용기술이
취소되거나 이에 준하는 사유가 발생한 경우, 이의신청 심사결과 이유가
있다고 인정되는 경우, 산업재산권 등 타인의 권리를 침해하거나 적용기
술의 무효 등이 확인된 경우 등 우수제품 지정기준에 미달하게 된 경우입
니다.

또한, 해당 우수제품과 관련하여 조달업무의 공정한 집행 또는 계약의
적정한 이행을 해칠 우려가 있는 경우로서 부도, 파산, 폐업 등이 확인된
경우(다만, 법원에 의한 회생절차가 개시된 때에는 회생절차의 종료 결과
에 따라 취소 여부 결정), 제품의 생산 또는 판매에 있어 관련 법령에 따
른 허가 등이 선행되어야 함에도 허가 등을 받지 아니한 것으로 일부라도
확인된 경우, 우수제품으로 지정된 규격이 MAS계약 또는 우수조달 공동

상표로 지정된 경우, 해당 우수제품을 직접생산하지 않음이 확인된 경우 (소프트웨어제품은 제외), 심사항목에서 제외하여야 하는 적용기술이 포함된 경우, 지정기간(연장기간 포함) 중 제21조에 따라 경고조치(우수제품 지정효력 정지를 포함)를 3회 이상 받은 경우(제21조제3항제2호 내지 제3호는 제외), 우수제품 지정마크를 부정한 내용이나 방법으로 사용했을 경우, 우수제품 업체가 우수제품 지정증서에 명시된 해당 우수제품과 관련하여 부정당업자 제재를 받은 경우에도 우수제품 지정을 취소당할 수 있습니다.

우수제품 지정취소는 담당부서의 검토와 계약심사협의회의 심의를 거쳐 결정하게 되는데, 취소 사유가 명백한 경우에는 계약심사협의회 심의를 생략할 수도 있습니다.

우수제품 지정취소를 하고자 하는 경우에는 업체에 의견 제출 기회를 부여하므로, 이때 사실에 입각하여 입장을 잘 소명할 필요가 있습니다.

■ 조사 등

조달청에서 계약금액의 적정성 여부, 우수제품 적용기술의 변동사항 등 확인을 위하여 조사 등을 실시할 수 있으므로 이때는 이에 잘 협조하여야 합니다.

또한 우수제품업체는 우수제품 사후관리를 위해 우수제품의 월별 판매실적, 연락체제 유지에 필요한 주소, 전화번호 등의 변경 내용, 기타 제도 운영상 필요한 담당부서의 요구자료를 우수제품 담당부서 또는 우수제품 협회에 즉시 통보하여야 합니다.

조달청은 지정 제품의 납품, 품질, A/S 상태 등 만족도 조사를 실시할 수 있으며, 그 평가 결과를 최우수(Blue), 우수(Green), 보통(Orange), 미흡(Red)으로 등급화하여 우수제품 관리 및 계약에 활용할 수 있습니다. 평가 결과 등급이 '미흡'으로 평가된 경우, 조달품질신문고를 통하여 하자조치를 요구받은 경우, 사회적 물의를 일으킨 경우, 우수제품의 지속적인 품질관리를 위하여 필요하다고 판단하는 경우에는 우수제품협회에 위탁하여 실태조사를 실시할 수도 있습니다.

평가주기는 연 2회 실시가 원칙이며, 평가항목 등은 다음 표와 같으니 참고하여 평소 관리에 만전을 기해야 되겠습니다.

평가 항목	평가지표	수식		단위	지표배점
납기	납기 준수율	(납품기한 내로 납품한 건수/전체 납품 건수) x 100		%	15
	평균 납기지체일수	(납품 지체된 건의 지체일수의 합/전체 납품 지체건수)		일	15
품질	조달품질신문고 하자처리요청건수	해당업체 하자조치 요구 총 건수 (완결된 건 기준)		건	30
만족도	가격 만족도	검사단계에서 나라장터를 통해 수요기관 담당자가 입력한	가격 만족도	점	5
	품질 만족도		품질 만족도	점	5
	서비스 만족도		서비스 만족도	점	5
	종합 만족도		가격 만족도	점	5
서비스	조달품질신문고 처리 기간	하자조치 요구 후 경과 일수의 합/하자처리 요청 건수(완결된 건 기준)		일	20

■ 지정증서의 재교부 및 반납

우수제품업체 또는 우수제품에 대한 권리를 승계 받은 업체는 상호 또는 대표자가 변경된 경우, 포괄적 양수 또는 합병으로 우수제품에 대한 모든 권리를 승계 받은 경우, 지정증서를 분실하였거나 규격추가 등 변경 사항이 있는 경우, 협업 변경 승인을 받은 경우 중 어느 하나에 해당하는 경우에는 교부받은 우수제품 지정증서와 관련 증빙서류를 첨부하여 우수제품지정증서의 재교부를 신청하여야 합니다.

우수제품의 생산을 중단한 경우 또는 사업을 양도한 경우로서 우수제품에 대한 권리를 양도하지 아니한 경우에는 우수제품지정증서를 반납하여야 합니다.

③ 표시 사용

우수제품을 지정받은 자는 우수제품으로 지정받은 제품 등에 대하여 우수제품 지정마크를 사용할 수 있습니다.

우수제품 지정마크의 사용은 제품, 용기, 포장 및 홍보물에 할 수 있고, 우수제품의 경우에만 사용하여야 하며 이외의 목적으로 우수제품 지정마크를 사용하여서는 안 됩니다.

아래에 우수제품 지정마크 중 기본형과 활용형 일부를 예시합니다.

기본형

활용형
(2색표현A)

활용형
(2색표현B)

활용형
(2색표현C)

8장

백짓장도 맞들면 낫다
우수조달공동상표물품 지정제도

도입 배경 및 법적 근거

중소기업은 대기업에 비해 기술, 자본, 인력 및 인지도 등에 있어서 상대적으로 불리합니다. 그래서 이런 중소기업들에게 기술공유 및 이전, 공동생산 및 판매, 공동 A/S망 활용 등을 통해 핸디캡을 극복하고 판로확대 및 고용창출이 가능하도록 할 필요를 느낀 것입니다. 즉, 중소기업을 지원하기 위해서 마련한 제도라고 보시면 됩니다.

중소기업자의 판매활동을 강화하기 위해 5 이상의 참여기업 간 기술개발, 생산의 효율성, 품질향상 등의 시너지효과가 크고 성능·품질이 우수한 물품을 『우수조달공동상표 물품』(이하 '공동상표 물품')으로 지정하여 정부구매를 통해 판로를 지원하는 제도입니다.

공동상표 물품으로 지정된 제품은 수의계약으로 총액계약이나 단가계약을 체결하여 수요기관에 공급할 수 있습니다.

그동안의 공동상표 물품 공급실적은 다음과 같습니다.

연 도	'14년	'15년	'16년	'17년	'18년
건 수	351	332	427	287	380
금 액	344	360	425	415	490

'17년도에 다소 주춤한 상태를 보인 것을 제외하고는 꾸준히 실적이 증가하고 있는 것을 볼 수 있습니다.

'18년 말 현재 14개 공동상표, 21개 품명, 269개 업체가 유효하게 지정되어 있습니다.

한편, 공동상표 물품의 지정에 관해서는 조달사업법 제9조의2, 조달사업법 시행령 제18조의2에 규정되어 있습니다. 또 공동상표 물품 지정 및 관리규정을 2009년도에 제정한 이래 여섯 차례의 개정 끝에 현재에 이르고 있습니다.

조달사업법에 조달청장은 조달물자의 품질향상을 위하여 대통령령으로 정하는 수 이상의 중소기업자가 판매활동을 강화하기 위하여 개발·보유한 공동상표로서 기술 및 품질인증 등이 대통령령으로 정하는 기준을 충족하는 물품 또는 상표를 우수조달공동상표로 지정하여 고시할 수 있다고 되어 있습니다.

조달청장은 대통령령으로 정하는 바에 따라 우수조달공동상표의 구매 증대와 판로 확대를 위하여 필요한 조치를 할 수 있고, 지정된 우수조달

공동상표가 최초 지정기준에 미달하는 등 대통령령으로 정하는 경우에는 그 지정을 취소할 수 있으므로 주의하여야 합니다.

우수조달공동상표의 지정 절차, 지정 기간, 그 밖에 운영에 관한 구체적인 사항은 대통령령으로 정하게 되어 있습니다.

한편, 조달사업법 시행령에서는 조달사업법에서 말하는 대통령령으로 정하는 수를 5라고 하였고, 대통령령으로 정하는 기준은 「특허법」에 따른 특허발명, 「실용신안법」에 따른 등록실용신안 및 「디자인보호법」에 따른 등록디자인을 실시하여 생산된 물품이나 법령에 따라 주무부장관이 인증하거나 추천하는 신기술 적용 물품, 우수품질 물품, 환경친화적 물품 또는 자원재활용 물품으로서 기술의 중요도 및 품질의 우수성 등을 고려하여 조달청장이 정하는 기준을 충족하는 물품을 말한다고 되어 있습니다.

다만 음·식료품류 및 동·식물류 등 품질 확보가 곤란한 물품이나 무기·총포·화약류 등으로서 조달청장이 공동상표 물품으로 지정하는 것이 적합하지 아니하다고 인정하여 고시하는 물품은 제외하고 있습니다.

제도 개요

　우수조달공동상표의 지정을 받으려는 자(이하 "신청자")는 지정신청서를 조달청장에게 제출하여야 하고, 신청서를 제출하면 해당 공동상표가 지정기준을 충족하는지를 심사하는데, 심사는 신청제품의 생산실태 등을 조사하는 현장실태조사와 지정기준의 충족 여부를 심사하는 지정심사, 조달물자의 적합성 등을 심사하여 공동상표 물품을 지정하는 최종심사로 구분하여 단계별로 심사합니다.

　최종심사는 지정심사를 통과한 물품을 대상으로 조달청 계약심사협의회에서 심의합니다. 최종심사에서는 조달물자로서의 적합성, 계약 시 예견되는 문제점 등을 검토하게 됩니다.

　공동상표 물품의 지정기간은 지정일로부터 3년으로 하되 최초 지정 1년 6월 후 실시하는 '지정관리심사' 결과에 따라 잔여 지정기간(1년 6월)에 대해 지정 유지 또는 취소를 결정할 수 있으며, 연장심사를 거쳐 3년의 범위에서 1회 연장할 수 있습니다.

　조달청장은 공동상표 물품의 종합적인 판로지원 및 홍보를 위하여 공동상표 물품 전시회 주최, 공동상표 물품 지정제도의 안내를 위한 인쇄물,

지정물품 목록 등의 제작·배포, 공동상표 물품의 기술 및 품질에 대한 지속적인 개선 등을 위하여 필요한 지원활동을 할 수 있습니다.

신청대상 제품 및 제출서류

① 신청대상제품

공동상표 물품의 신청은 나라장터에 경쟁입찰참가자격을 등록한 중소기업이 생산하는 물품 및 소프트웨어로서 아래의 어느 하나에 해당하는 제품이어야 합니다.

- 「산업기술혁신 촉진법」에 따라 주무부장관이 인증한 신제품(NEP) 또는 신제품을 포함한 제품
- 「산업기술혁신 촉진법」, 「환경기술 및 환경사업 지원법」, 「건설기술관리법」, 「전력기술관리법」, 「보건의료기술 진흥법」에 따라 주무부장관이 인증한 신기술(NET, 전력신기술, 보건신기술)이 적용된 제품, 「농업기계화 촉진법」에 따른 신기술 농업기계 지정제품 또는 「저탄소 녹색성장 기본법」에 따른 녹색기술 인증이 적용된 제품
- 「특허법」, 「실용신안법」, 「디자인법」에 따라 등록된 특허, 실용신안, 디자인(가구제품에 한정)을 적용하여 생산한 제품

• 위의 기술(NEP 제외)을 적용한 제품으로서 구촉법에 따른 성능인증 제품,「자원의 절약과 재활용촉진에 관한 법률」에 따른 품질인증을 받은 우수재활용제품(GR), 「산업기술혁신 촉진법」에 따라 설립된 한국산업기술시험원의 품질인증 제품(K마크), 「소프트웨어산업 진흥법」에 따른 소프트웨어 품질인증 제품(GS), 「에너지이용 합리화법」에 따른 에너지소비효율 1등급 제품·대기전력저감우수제품(에너지절약)·고효율에너지인증대상기자재 인증표시 제품(고효율기자재), 「신에너지 및 재생에너지 개발·이용·보급 촉진법」에 따른 신·재생에너지 설비인증 제품, 「환경기술 및 환경사업 지원법」에 따른 환경표지 인증제품(환경표지), 「산업표준화법」에 따른 한국산업표준 제품인증표시 제품(KS), 「산업표준화법」에 따른 단체표준인증 제품, 「소방시설 설치·유지 및 안전관리에 관한 법률」에 따른 소방용품 우수품질인증 제품, 「산업디자인진흥법」에 따른 우수산업디자인표지 제품(GD) 중 신청서 제출마감일 기준 최근 3년 이내 우수상 이상을 수상한 제품, 「국가표준기본법」에 따라 설립된 시험인증기관의 품질인증 제품(Q마크), 조달사업법 시행령에 따른 자가품질보증제품, 「국가표준기본법」에 따른 제품인정기구 또는 제품인정기관의 인증제품(KAS인증) 중 어느 하나에 해당하는 제품

그럼에도 불구하고 현장 시공에 따라 구매 목적물이 완성되는 반제품 등 품질확보가 곤란한 제품 및 의약품(농약을 포함), 조달물자로 공급하기 곤란한 음·식료품류, 동·식물류, 농·수산물류, 무기·총포·화약류와 그 구성품, 유류 등에 해당하는 경우에는 공동상표 물품 지정 대상에서 제외됩니다. 다만 물품의 특성 등을 고려하여 필요한 경우 공동상표 물품 지정 심사위원회의 심의를 거쳐 지정 여부를 결정할 수도 있습니다.

② 신청자격

신청자격은 5 이상의 중소기업자가 판매활동을 강화하기 위하여 개발·보유한 공동상표의 소유권을 보유한 대표법인이어야 합니다. 대표법인과 참여기업은 동일물품 또는 동일한 기술을 적용한 물품으로 우수제품과 중복하여 지정받을 수는 없습니다.

■ 신청요건

공동상표를 도입·이용하고자 하는 대표법인은 정관과 공동상표 관리 및 운영규정을 작성하여 공증을 받아 제출하여야 합니다.

이때 대표법인 정관에는 공동상표 사업에 참여하는 참여기업의 권리와 의무, 참여기업 간 협력내용 및 분쟁 조정, 공동상표 물품의 생산(또는 판매)·품질관리 및 사후관리 방법 등을 각 조항으로 명시하여야 하고, "공동상표명, 대상품명 등 기타 공동상표 사업추진 및 운영에 필요한 세부사항을 '공동상표 관리 및 운영규정'(또는 공동상표 관리규약서)으로 위임하여 규정한다."라는 문구를 명시해야 합니다.

공동상표 관리 및 운영규정(또는 공동상표 규약서)에는 공동상표의 사용과 관련하여 공동상표명과 표시에 관한 내용, 대상 품명, 공동상표의 소유와 사용, 상표관리에 관한 내용을, 참여기업과 관련하여 참여기업의 자격기준, 중도가입 및 탈퇴에 관한 내용, 분담금 의무와 방법, 이익금 배분 등에 관한 내용, 상표대표자와 참여기업, 참여기업간 업무협력에 관한 내용, 참여기업간 분쟁 조정, 약정위반에 대한 제재 내용을, 생산 및 사후관리 등과 관련하여 공동생산 및 판매에 관한 내용, 기술개발 및 협력에 관한 내용, 품질검사, 품질표시 등 품질관리에 관한 내용, 공동홍보 및 광고 등 브랜드 마케팅에 관한 내용, 사후 A/S 등에 관한 내용을, 기타 공동상표사업추진 및 운영에 필요한 사항을 포함해야 합니다.

참여기업의 40% 이상은 NEP 또는 NEP를 포함한 제품, NET가 적용된 제품, 신기술 농업기계 지정제품 또는 녹색기술 인증이 적용된 제품, 특허, 실용신안, 디자인(가구제품에 한정)을 적용하여 생산한 제품을 1개 이상 보유하여야 합니다.

참여기업에 대한 기술인증 또는 품질인증 보유비율은 법인 평가지표별 평가방법(뒤에 자세히 설명)에 따릅니다.

참여기업의 40% 이상은 「중소기업기본법 시행령」 제8조에서 규정한 소기업이어야 합니다.

　운영체는 특허, 실용신안, 디자인의 권리자(전용실시권자, 통상실시권자
를 포함)이거나 주무부장관이 지정하는 기술인증을 받은 자로서 신청물품
의 제조 및 조달납품에 관한 모든 권한을 보유한 자이어야 합니다. 단,
특허·실용신안·디자인등록에 대한 권리자는 법인의 경우 법인 명의로,
개인사업자인 경우 대표자명의로 등록되어야 하며, 공동권리자의 경우 약
정서를 제출하여야 합니다.

지정신청

매년 말 조달청 홈페이지에 게재하는 지정계획 일정에 따라 신청하면 됩니다. 신청서류는 품명별(물품분류번호 8자리)로 신청하여야 하며, 물품평가자료와 법인평가자료로 나누어 원본과 사본 10부를 책자로 제출하여야 합니다. 물품평가 신청 제출서류는 다음과 같습니다.

서 류 명
공동상표 물품평가 신청서, 단체표장 등록원부, 공동상표 참여기업 정보, 신청제품 목록, 제품설명서, 기술설명서, 등록사항설명서, 제품사진
○ 신제품, 신기술인증서 사본 - NEP, NET, 전력신기술, 보건신기술, 녹색기술, 신기술농업기계 ○ 품질인증서 사본 - 성능인증, GS, GD, K마크, Q마크, 에너지소비효율1등급, 에너지절약마크, 고효율기자재, 신재생에너지설비, GR, 환경표지, KS, 단체표준, 소방용품우수품질인증, 자가품질보증, KAS ※ 기술, 품질인증은 인증기관의 종합평가서 등 기술, 품질을 확인할 수 있는 자료를 함께 제출하여야 함. [품질인증 미제출 업체는 1년 이내의 공인기관시험성적서(신청서 접수마감일 기준 1년 이내의 자료에 한함) 제출. 평가에 반영] ○ 특허, 실용신안, 디자인(가구제품 한함)의 등록원부 및 등록공보
관련 법령에 따라 사전에 형식등록, 안전인증, 전자파적합등록 등이 필요한 제품의 경우 관련 등록 또는 인증서 사본
제품규격서, 사업자등록증 또는 공장등록증 사본, 경쟁입찰참가자격등록증 사본, 중소기업 또는 소상공인 확인서, 최근 1년 이내 납품실적목록(납품수량이 많은 10건에 대한 세금계산서 등 납품 증빙자료 첨부)

제출 서류는 공동상표 물품 지정신청서 접수마감일 이전에 인정(발급)받은 건에 한하며, 특허, 실용신안, 디자인 등록원부는 신청서 접수일 기준 1월 이내 발행분으로 제출하여야 합니다.

중·소기업은 「중소기업기본법」 제2조 및 「소기업 및 소상공인 지원을 위한 특별조치법 시행령」 제2조의 규정에 따른 중·소기업·소상공인 확인서를 제출하여야 합니다.

구비서류가 미비하거나 보완하여야 할 사항이 있는 경우에는 보완을 요구받을 수 있으며, 제출기한까지 보완을 하지 아니하는 경우에는 신청서류가 반려될 수 있으니 이점 유념하여야 합니다.

이미 지정된 공동상표 물품과 동일한 용도의 물품이라도 새로운 기술, 품질인증 등이 추가되어 다른 특성이 있는 경우에는 공동상표 물품 지정을 신청할 수 있습니다. 이 경우 공동상표 물품과 신청 물품과의 특성을 비교한 비교표를 제출하여야 합니다.

한편 신청서류에 대한 기간계산 등의 기준일은 법령 등 다른 규정에서 정한 것을 제외하고는 공동상표 물품 지정신청서 접수마감일을 기준으로 합니다. 단, 공동상표 물품의 심사·지정의 제외와 관련해서는 공동상표 물품 지정일을 기준으로 합니다.

법인평가 신청 제출서류에는 우수조달공동상표 법인평가 신청서, 공동상표 참여기업 정보, 공동상표 물품 물품평가 합격 목록, 공동상표 및 운영체 개요, 평가지표별 자기 채점표, 평가지표별 평가자료 등이 있습니다.

■ 신청제품에 대한 의견수렴

앞서 설명한 우수제품과 마찬가지로 심사에 참고하기 위하여 심사 전에 공동상표 물품 지정 신청내용을 조달청 홈페이지에 공개하고 공개일로부터 7일 이상의 기한을 정하여 이해관계인의 의견을 수렴할 수 있습니다.

심사

심사는 신청제품의 생산실태 등을 조사하는 현장실태조사와 조달사업법 시행령 제18조의2제1항에서 정한 지정기준의 충족 여부를 심사하는 지정심사, 조달물자의 적합성 등을 심사하여 공동상표 물품을 지정하는 최종심사로 구분하여 단계별로 심사합니다.

1 현장실태조사

지정심사를 신청한 운영체에 대해 현장실태조사를 실시하는데, 중소기업중앙회 또는 조달품질원에 조사를 의뢰할 수도 있습니다.

대표법인용과 참여기업용으로 나누어 최근 1년간 신청제품 매출실적, 부서별 종업원 수, 공장·생산시설 현황, 신청제품 생산실태, 부도·부정당업자 제재 사례, 현장조사 생략 시 생략사유, 종합의견 및 참고사항 등을 조사합니다.

② **지정심사**

　지정심사는 심사위원회에서 합니다.

　심사위원회는 조달청장이 심사위원으로 위촉한 대학교수, 특허심사관, 변리사, 공인회계사, 경영전문가(MBA) 등의 위원 중에서 심사분야별로 5인 이상 10인 이내로 구성합니다.

　지정심사는 물품평가와 법인평가로 구분하며, 물품평가를 먼저 실시하여 물품평가 적합자에 대하여 법인평가를 실시합니다.

　물품평가는 참여기업이 생산하는 공동상표 물품의 기술·품질의 우수성과 규격의 적정성을 심사하고, 법인평가는 대표법인이 참여기업 간 기술개발, 품질향상 등의 시너지효과를 창출한 실적 또는 창출할 역량을 보유하고 있는지 여부를 심사합니다.

■ 물품평가

　물품평가는 참여기업이 생산하는 공동상표 물품의 기술·품질의 우수성과 규격의 적정성을 심사합니다. 즉, 물품의 용도, 적용기술 등을 고려하여 적용인증이 신청물품의 기능구현과 제품에 미친 영향도 등을 평가합니다.

　평가지표는 다음과 같습니다.

구 분	평 가 항 목	세부평가항목(지표)	배점
공동상표 물품의 기술 및 품질 인증	1. 기술인증의 관련성	신청물품과 기술적용 인증과의 관련성	50
	2. 품질인증의 관련성	신청물품과 품질(성능)인증과의 관련성	30
	3. 제품규격의 적정성	신청물품의 규격이 적용기술 및 품질인 증 범위내의 규격인지 여부	20
계	3개 평가항목	3개 평가지표	100

물품평가는 심사위원이 평가한 최고·최저점수를 제외한 심사위원 평균점수가 60점 이상이어야 통과됩니다. 이때 통과 판정을 받은 참여기업의 수가 5개 이상이어야 법인평가를 실시하며 통과하지 못한 참여기업은 지정에서 제외됩니다.

먼저 기술심사(50점)는 신청물품과 기술적용 인증과의 관련성(30점) 및 기술의 독창성(20점)을 평가합니다.

신청물품과 기술적용 인증과의 관련성은 적용기술인증이 신청물품의 기능구현과 제품에 미친 영향의 정도에 따라 매우탁월(30~26), 탁월(25~20), 보통(19~15), 미흡(14~10), 매우미흡(9~0)으로 구분, 평가합니다.

기술의 독창성은 해당기술의 독창성, 창의성, 혁신성 등을 평가하는데, 적용기술인증이 신청제품에 미친 영향의 정도에 따라 매우탁월(20~18), 탁월(17~15), 보통(14~10), 미흡(9~5), 매우미흡(4~0)으로 구분, 평가합니다.

둘째, 품질심사(30점)는 신청물품과 품질인증과의 관련성(20점), 품질·성능의 신뢰성(10점)을 평가합니다.

신청물품과 품질인증과의 관련성은 적용품질인증이 동일 완성품, 주요 구성품, 일부 구성품, 주변 구성품 또는 신청 물품과의 관련 여부 등을 평가하는데, 적용품질인증이 신청물품의 기능구현과 제품에 미친 영향의 정도에 따라 매우탁월(20~18), 탁월(17~15), 보통(14~10), 미흡(9~5), 매우미흡(4~0)으로 구분, 평가합니다.

품질인증 미제출 업체는 '0'점 처리합니다.

품질·성능의 신뢰성은 사용자의 편의성, 효율성, 신뢰성 등 조달물자로서 갖추어야 할 기본적 품질·성능을 평가하는데, 적용품질인증이 신청 제품에 미친 영향의 정도에 따라 매우탁월(10~9), 탁월(8~7), 보통(6~5), 미흡(4~3), 매우미흡(2~0)으로 구분, 평가합니다.

셋째, 규격심사(20점)는 신청물품의 규격이 적용기술 및 품질인증 범위 내의 규격인지 여부(20점)를 평가합니다.

규격서에 물품의 제원 및 성능, 선택장비(옵션) 등이 정확하게 기술되어 있는지 여부를 평가하는데, 규격에 대한 기술의 반영정도에 따라 인증범위 내 규격(20~10), 인증 일부만 적용된 규격(9~1), 인증범위 밖 규격(0)으로 구분, 평가합니다.

한편 다음에 해당하는 기술인 경우 물품평가에서 제외되니 주의를 요합니다.

최초 인증일로부터 2년이 경과된 신기술 인증이나 신제품 인증인 경우, 등록일로부터 7년이 경과된 특허인 경우, 등록일로부터 4년이 경과된 디자인이나 실용신안인 경우, 심사위원회의 심사결과 시공, 설치 등에 관한 기술 인증인 경우, 이미 지정된 공동상표 물품 심사에 적용된 동일 기술 인증인 경우로서 신청품명(물품분류번호 8자리)이 동일한 경우 등이 해당됩니다.

■ 법인평가

법인평가는 대표법인이 참여기업 간 기술개발, 품질향상 등의 시너지 효과를 창출한 실적 또는 창출할 역량을 보유하고 있는지 여부를 심사합니다. 즉, 공동상표 참여기업 간 협력정도와 시너지효과 등을 평가항목별로 적합여부와 평점으로 판정하며, 6개 평가항목 모두 적합 판정을 한 심사위원의 수가 참석 심사위원의 2/3 이상이고, 적합 판정을 한 심사위원들의 평가 점수 중 최고점수와 최저점수를 제외한 점수를 평균한 값이 70점 이상이면 합격 판정됩니다.

1개 항목이라도 부적합 판정 시, 종합점수에 관계없이 불합격 처리되고, 참여기업 추가에 따른 법인평가는 기술·품질의 확보, 소기업의 참여 지원, 공동상표 사업의 성공가능성의 신용평가 등급 등 3개 항목을 평가하여 1개 항목이라도 부적합 판정 시 불합격 처리됩니다. 평가지표는 다음과 같습니다.

기술·품질의 확보는 기술인증과 품질인증의 보유 비율로 평가하는데 참여기업 수 대비 신청물품과 관련 있는 기술·품질인증을 보유하고 있는 업체수 비율에 따라 기술인증은 20~8점, 품질인증은 15~6점으로 차등 적용합니다. 각 인증 보유 비율이 40% 미만(연장신청 시 50%)이면 법인 평가에서 부적합으로 평가되어 탈락됩니다.

구 분	평가 항목	세부 평가 항목(지표)	배점
기술보유· 기술이전 정도/ 소기업지원 (60)	1. 기술·품질의 확보	ⓐ 기술인증의 보유 비율	20
		ⓑ 품질인증의 보유 비율	15
	2. 기술이전(시너지효과)	ⓐ 기술개발 및 공유 시너지효과	5
		ⓑ 생산·품질관리 시너지효과	5
		ⓒ 기타 시너지효과	5
	3. 소기업의 참여지원	ⓐ 소기업의 참여 비율	8
		ⓑ 창업초기기업의 참여 여부	2
생산 및 사후관리 체계(30)	4. 생산·사후관리의 적정성	ⓐ 생산(품질)·사후관리조직의 유무	3
		ⓑ 생산(품질)·사후관리 시스템의 활동정도	12
	5. 공동상표 운영의 협력도와 투명성	ⓐ 참여기업 간 협력체계의 활용정도	5
		ⓑ 투명한 의사결정 시스템 운영	5
		ⓒ 정관 등 관련규정의 제정·운영	5
공동상표 신인도(10)	6. 공동상표 사업의 성공 가능성	ⓐ 신용평가 등급	5
		ⓑ 신청업종의 매출증가율	5
계	6개 평가항목	14개 평가지표	100

최초 지정심사

보유비율(%)	70 이상	60 이상 70 미만	50 이상 60 미만	40 이상 50 미만	40 미만
기술인증	20	16	12	8	부적합
품질인증	15	12	9	6	부적합

연장심사

보유비율(%)	80 이상	70 이상 80 미만	60 이상 70 미만	50 이상 60 미만	50 미만
기술인증	20	16	12	8	부적합
품질인증	15	12	9	6	부적합

기술인증과 품질인증의 가중치 배점은 다음 표와 같습니다.

인증분야	적용인증	가중치
기술인증	NEP, NET, 전력신기술, 보건신기술, 녹색기술, 신기술농업기계	1
	특허, 실용신안, 디자인(가구제품에 한함)	0.5
품질인증	성능인증	1
	GS, GD, K마크, Q마크, 에너지소비효율1등급, 에너지절약마크, 고효율기자재, 신재생에너지설비, GR, 환경표지, KS, 단체표준, 소방용품우수품질인증, 자가품질보증물품, KAS인증	0.5

우수산업디자인표지(GD)는 최근 3년 이내 우수상 이상 수상한 제품만

해당되고, 특허·실용신안·디자인은 전용실시권 이상만 인정되며, 참여 업체별 배점은 인증분야별로 최대 1점만 허용됩니다.

보유비율 산출방법입니다.

기술인증은 5개 업체 중 A업체가 신기술 1개와 특허 1개, B업체가 특허 2개인 경우 $\{[(1\times1)+(1\times0.5)]\max1+(2\times0.5)\max1\}/5\times100=40\%$ 와 같이 계산합니다.

5개 업체 중 A업체가 특허 1개, B업체는 특허가 전용이 3개, 통상이 1개인 경우 보유비율은 $\{(1\times0.5)\max1+(3\times0.5)\max1\}/5\times100=30\%$, 5개 업체 중 A업체가 특허 3개, B업체가 실용신안 3개인 경우 보유비율은 $\{(3\times0.5)\max1+(3\times0.5)\max1\}/5\times100=40\%$가 됩니다.

품질인증도 같은 방식으로 계산합니다.

기술이전(시너지효과)은 기술개발 및 공유, 생산·품질관리, 기타로 각각 구분하여 시너지효과 정도에 따라 5~2점으로 차등 평가합니다.

기술개발 및 공유 시너지효과는 공동상표 사업 시작 전년도 대비 참여기업 간 공동기술 개발 및 기술공유 등을 통해 실현되었거나 실현될 것으로 기대되는 시너지효과를 평가합니다.

생산·품질관리 시너지효과는 공동상표 사업 시작 전년도 대비 생산·품질관리 관련 경험과 노하우, 기타 인프라를 공유하여 실현되었거나 실현될 것으로 기대되는 시너지효과를 평가합니다.

기타 시너지효과는 공동상표 사업 시작 전년도 대비 기타 공동상표 사업을 통해 참여기업 간 협력활동을 통해 실현되었거나 실현될 것으로 기대되는 시너지효과를 평가합니다.

소기업의 참여지원은 먼저 소기업의 참여 비율에 따라 8~4점으로 차등 평가하는데, 참여 비율이 40% 미만이면 법인평가를 부적합 처리합니다. 또 창업초기기업 참여 여부에 따라 1개사 이상 참여하면 2점으로 평가합니다.

생산·사후관리의 적정성은 생산·사후관리조직의 유무와 해당 시스템의 활동 정도를 평가하는데, 생산·사후관리조직이 있으면 3점으로 평가하고, 사후관리 시스템의 활동 정도에 따라 12~3점(활동실적이 없으면 법인평가 부적합)으로 평가합니다.

사후관리 시스템의 활동 정도는 생산·품질·사후관리시스템의 활동 정도를 평가합니다.

생산관리시스템의 활동 정도는 생산성 측정, 지속적인 생산성 제고 활동, 생산비용 측정, 생산비 감소방안 도출, 재고관리, 기타 공정/생산성 혁신 활동 등의 수로 평가합니다.

품질관리시스템의 활동 정도는 품질검사, 6시그마/싱글PPM, TQM(전사적 품질관리), QC(품질관리조), SPC(통계적 공정통제), 기타 품질개선 활동 등의 수로 평가합니다.

사후관리시스템의 활동 정도는 A/S 관리, 해피콜제도 등 고객서비스 체계, 고객만족도 조사체계, 성과지표(KPI)를 통한 성과측정체계, 성과개선 및 관리체계, PL(제조물책임) 등의 수로 평가합니다.

공동상표 운영의 협력도와 투명성은 참여기업 간 협력체계의 활동정도와 투명한 의사결정시스템 운영(각각 5~3점 차등 평가), 정관 등 관련 규정의 제정·운영 유무(5점)을 평가합니다. 세 가지 요소 중 어느 하나라도 부적합 시, 법인평가에서 탈락하게 됩니다.

참여기업 간 협력체계의 활동정도는 인증 공유, 기술교류, 공동기술개발, 성과 공유 등에 관한 협약 및 제도, 인증 공유를 위한 교육 프로그램, 공동투자 시설, 공동투자 데이터베이스 및 정보시스템, 참여기업 간 내부 커뮤니케이션 시스템, 공동화 사업, 기타 유관활동 등의 수로 평가합니다.

투명한 의사결정시스템 운영은 공식적인 의사결정체계, 참여기업에 대한 의견수렴 제도, 참여기업 간 정보공유체계, 내부경쟁제도, 외부 전문가를 활용한 심사제도, 전문경영인 영입과 전문경영인에 대한 독립경영 및 임기보장(정관에 명시), 기타 유관 활동 등의 수로 평가합니다.

정관 등 관련 규정의 제정·운영은 공동상표의 소유 및 사용범위, 참여기업 간 협력체계, 생산 및 품질관리체계 등 공동상표 법인 운영에 필요한 사항이 적절하고 명확하게 명시되어 있는가를 평가합니다. 적정할 경우 5점을 부여합니다.

공동상표 사업의 성공 가능성은 신용평가등급과 신청업종의 매출증가율로 평가하는데 각각 5~4점, 5~2점으로 차등 평가합니다. 둘 중 어느 하나라도 부적합 시 법인평가는 탈락으로 평가합니다.

신용평가등급은 대표법인의 신용평가등급이 있는 경우에는 신용평가등급에 따라 5~4점 부여하고, 대표법인의 신용평가등급이 B- 미만이거나 없는 경우에는 4점으로 평가합니다. 단, 참여기업 중 신용평가등급 B- 미만(신용평가등급이 없는 경우도 포함)이 있을 경우 전체 부적합 판정을 합니다.

조달청 신용평가등급 조회시스템에 따라 신용평가등급 조회가 가능한 경우에는 동 시스템 조회결과에 따라 평가할 수 있으며, 신용평가등급확인서를 제출하지 아니한 경우에는 최저등급으로 평가합니다.

회사채(또는 기업어음)에 대한 신용평가등급 및 기업신용평가에 따른 평점이 다른 경우에는 높은 평점으로 평가합니다.

합병한 업체는 합병 후 새로운 신용평가등급으로 심사하며, 새로운 신용평가 등급이 없는 경우에는 합병대상업체 중 가장 낮은 신용평가등급을 받은 업체의 신용평가등급으로 심사합니다.

매출증가율은 참여기업의 최근 3년간 평균매출증가율을 참여기업별 최근 3년간 평균매출실적 비율로 가중평균 한 값으로 평가하되, 매출실적이 없는 참여기업은 매출증가율 0%로 계산하고, 매출실적이 3년 미만이면 1~2년 간 매출실적 평균값으로 산출합니다. 또한 참여기업 전체가 매출실적이 없으면 부적합 처리합니다.

한편 지정심사 결과는 지정심사 종료일부터 10일 이내에 신청자에게 알려 줍니다.

③ 최종심사

최종심사는 지정심사를 통과한 물품을 대상으로 지정심사 결과와 조달물자로서의 적합성, 계약 시 예견되는 문제점 등 구매담당부서의 검토의견을 심의한 후 계약심사협의회에 상정, 심의합니다.

계약심사협의회는 최종심의 상정 물품에 대하여 조달물자로서의 적합성, 계약관리에 예상되는 문제점 등을 종합적으로 검토하여 공동상표 물품 지정 여부를 최종 결정합니다.

④ 심사 제외

공동상표 물품 심사에서 제외당할 수 있는 경우가 많은데 이에 해당되지 않도록 각별히 주의를 기울여야 합니다.

2회 이상 공동상표 물품 지정에서 제외된 물품으로서 심사에 영향을 미칠 수 있는 서류가 추가로 제출되지 아니한 경우, 신청서류가 위조, 변조 등 허위서류로 확인된 경우, 신청자가 부도, 파산되었거나 기타 공동상표 물품 지정이 곤란하다고 인정되는 경우, 신청물품에 대한 생산공장이 없는 경우, 부정당업자 제재기간 중인 경우 등이 해당됩니다.

지정

① 지정결과 통보 및 지정증서 교부

공동상표 물품의 지정결과는 최종심의 후에 신청자에게 통보가 옵니다. 지정 제외, 재심사로 결정한 물품에 대하여도 그 내용을 알려 줍니다.

공동상표 물품으로 지정된 물품에 대하여는 공동상표 물품 지정증서를 교부해 줍니다. 또한 공동상표 물품 지정증서를 교부한 때에는 지정내용을 조달청 홈페이지에 게재해 줍니다.

■ 적용인증 등 유지

지정받은 공동상표 물품은 지정심사 시의 적용인증 및 규격서 등 제반 사항에 대해 공동상표 물품 지정기간이 종료될 때까지 변동 없이 계속 유효하도록 관리하여야 합니다. 다만 법령개폐·제도변경 등으로 인해 지정 업체의 책임이 없는 경우에는 그러하지 아니합니다.

지정심사 시 평가받은 생산·사후관리의 적정성 등 제반사항은 지정기간 동안 공동상표 물품 생산 및 관리에 반영하여야 합니다.

대표법인은 법령개폐·제도변경 등으로 인해 적용인증 및 규격서 등 제반사항을 변경하여야 할 사유가 발생한 경우에는 사유 발생일로부터 30일 이내에 담당부서에 통보하여야 합니다.

적용인증의 유효기간 연장이 불가능한 경우에는 12월 이내에 발행한 동등 이상의 시험성적서로 적용인증을 대체할 수 있습니다.

■ 지정기간

공동상표 물품의 지정기간은 지정일로부터 3년으로 하되 최초 지정 1년 6월 후 실시하는 지정관리심사 결과에 따라 잔여 지정기간(1년 6월)에 대해 지정 유지 또는 취소가 결정됩니다. 한편 연장심사를 거쳐 3년의 범위에서 1회 연장할 수 있습니다.

■ 참여기업의 추가·탈퇴

기존의 운영체에 신규기업이 참여하고자 하는 경우, 매년 말 조달청 홈페이지에 게재하는 지정계획 일정에 따라 신청하면 됩니다.

참여기업의 추가 신청은 지정기간이 6월 이상 남아 있어야 하는데, 연장심사를 신청하는 경우에는 동시에 참여기업의 추가 신청을 할 수 있습니다.

추가기업에 대한 심사는 최초 지정심사에 준하여 물품평가와 법인평가를 실시합니다. 다만, 법인평가는 기술·품질의 확보, 소기업의 참여지원, 공동상표 사업의 성공가능성의 신용평가등급 등 3개 항목에 대해 1개 항목이라도 부적합 판정 시 불합격 처리됩니다.

공동상표 물품 참여기업 중 탈퇴기업이 발생한 경우에는 그 사실을 지체 없이 알려야 하고, 잔여 참여기업에 대하여 기술인증과 품질인증의 보유 비율 및 소기업의 참여 비율을 토대로 최초 지정요건에 준하여 지정유지 여부가 결정됩니다.

■ 지정관리심사

최초 지정일로부터 1년 6개월 후 지정관리심사를 받아야 합니다. 다만, 납품실적이 있고 계약 및 사후관리 관련 제재가 없는 경우에는 지정관리심사를 면제받을 수 있습니다.

지정관리심사를 신청하면 지정효과 발생 여부 등을 평가하여 잔여 지정기간(1년 6월)에 대해 지정 유지 또는 지정 취소가 결정됩니다.

평가는 지정심사에 준하는 심사위원회의 심사결과, 2개 평가항목 모두 적합 판정을 한 심사위원의 수가 참석 심사위원의 2/3 이상인 경우에 합격한 것으로 됩니다.

■ 지정기간의 연장

지정기간을 연장 받고자 하는 공동상표의 대표법인은 지정기간 만료일 150일 전부터 120일 전까지 지정기간 연장 신청서에 증빙서류를 첨부하여 신청하여야 합니다.

연장심사는 최초 지정심사에 준하여 물품평가와 법인평가를 실시하고, 물품평가는 참여기업이 추가지정을 요청한 신규물품에 대해서만 합니다.

연장심사 시 물품평가를 생략하는 기 지정물품이 적용된 기술의 유효기간이 만료되었거나, 유효기간의 잔여기간이 1년 미만인 경우, 공공기관에 납품한 실적이 없는 경우, 경고, 납품중지, 계약해지, 지정효력정지 등의 처분을 받았거나 처분 사유가 발생한 경우에는 지정기간 연장에서 제외될 수 있습니다.

기술에 대한 유효 여부의 판단은 지정기간 만료일 익일을 기산일로 한다는 점도 꼭 알아두시기 바랍니다.

■ 규격·인증 등의 추가

공동상표 물품의 수요 확대를 위해 규격(인증)을 추가로 지정할 수 있습니다. 다만 규격의 추가지정은 공동상표 물품의 품명과 동일하고 같은 용도로 사용하는 경우, 공동상표 물품에 적용한 인증과 동일한 인증을 적용한 경우, 공동상표 물품 지정규격과 유사한 규격인 경우를 모두 충족하는 경우에 한하여 할 수 있습니다.

규격(인증)을 추가로 지정받고자 하는 대표법인은 규격(인증)추가 신청서를 제출하여야 하는데, 접수마감일은 지정계획 일정에 따른 지정심사 신청서 접수마감일을 기준으로 합니다.

공동상표 물품의 규격 및 인증 추가는 참석 심사위원 2/3 이상이 각 항목에 대해 모두 적합으로 판정한 경우 합격됩니다.

■ 이의신청 및 처리

공동상표 물품의 지정, 심사결과 등에 이의가 있는 이해관계인은 이의신청을 할 수 있는데, 이의신청이 접수된 때에는 이의내용에 대한 해당 대표법인과 참여기업의 의견제출 기회 부여, 지정담당부서 또는 구매담당부서의 검토, 기술·품질 등을 판단할 필요가 있는 경우 심사위원회의 심사, 계약심사협의회의 심의, 결정 등의 과정을 통해 검토·심사·결정할 수 있으며, 접수일로부터 30일 이내에 처리됩니다. 다만 검토, 심사 등에 장기간 소요되는 경우에는 15일 이내에서 연장이 될 수 있습니다.

2 심사위원회 구성 및 운영

심사위원은 대학의 조교수 이상, 국·공립 연구기관 또는 이에 준하는 정책연구기관이나 전문연구기관의 책임연구원 이상, 경력 3년 이상의 특허심사관·변리사, 인증심사 경력 2년 이상의 국·공립기관의 연구관, 기타 관련분야 전문가를 대상으로 위촉합니다.

심사위원의 위촉기간은 위촉일로부터 2년이고, 재 위촉할 수 있으며, 건설환경, 기계장치, 사무기기, 전기전자, 정보통신, 화학섬유, 과기의료, 기타분야 등 전문기술 분야별로 구분하여 위촉된 심사위원을 인력 풀로 운영합니다.

심사위원회는 위원장 1인을 포함한 5~10인 이내의 심사위원으로 구성합니다. 다만, 심사의 특성상 필요하다고 인정되는 경우에는 심사위원을 15인 이내에서 구성할 수 있습니다.

심사위원회는 위원장을 포함한 2/3 이상 출석으로 개의하며 지정 담당 부서장은 심사위원에게 심사기준의 특성·중점 평가사항 등을 설명할 수 있습니다.

한편 지정담당 부서장은 심사의 편의를 위해 신청자로 하여금 심사위원회에 출석하여 신청물품을 설명하게 할 수 있습니다.

설명순서는 신청서 접수순으로 정하며, 발표자들은 타사의 설명을 청취할 수 없습니다.

설명은 신청책임자 또는 책임기술자가 발표하는 것을 원칙으로 하며, 3인 이내에서 보조기술자 또는 평가자료 작성자 등이 배석하여 심사위원의 질의에 응답할 수 있습니다. 다만 심사의 특성상 필요하다고 인정되는 경우에는 배석자의 수를 조정할 수 있습니다.

설명은 지정된 시간 내에서 유인물 등을 활용하여 진행할 수 있으며, 신청 시 제출한 설명 자료와 다른 내용의 추가 설명 자료는 제출할 수 없습니다.

심사점수는 각 평가위원이 작성한 평가표를 집계하여 산출하며, 산출 결과 최종(평균)점수에 소수점 이하의 숫자가 있는 경우에는 소수점 셋째 자리에서 반올림합니다.

계약

■ 계약방법 결정 기준 등

지정받은 업체에서 단가계약을 요청하거나 수요기관의 구매요청이 있는 경우 관련 법령에 따라 대표법인과 계약을 추진합니다.

지정된 공동상표 물품은 국가계약법 시행령 제26조 및 지방계약법 시행령 제25조의 규정에 따라 수의계약방법으로 총액계약 또는 제3자단가계약을 체결할 수 있습니다. 다만 MAS계약과 중복하여 제3자단가계약을 체결할 수는 없습니다.

수의계약에 의할 수 있는 경우는 고시금액 미만의 경우로서 중앙정부 및 지방자치단체는 2.1억 원 미만이고, 공기업·준정부기관은 6.4억 원 미만이 해당됩니다.

경고, 납품중지, 계약해지, 지정효력정지 등의 처분사유에 해당되거나 부정당업자 제재기간 중에 있는 경우, 기타 상당한 이유가 있다고 인정되는 경우에는 계약을 체결하지 않을 수 있습니다.

제3자단가계약기간은 1년을 원칙으로 하되, 지정기간 이내에서 정할 수 있습니다.

가격자료는 대표법인이 참여기업별 가격자료를 취합하여 가격총괄표를 작성하고 증빙자료를 구비하여 제출하면 됩니다.

■ 계약이행 의무

계약상대자인 대표법인과 참여기업은 계약과 납품 및 사후관리 등 계약이행에 대하여 연대책임을 집니다.

계약상대자는 물품식별번호를 기재하지 않고 공동상표 물품으로 지정된 규격이 계약대상에 포함된 경우에는 계약체결 전에 해당 규격의 물품식별번호를 부여받아야 합니다.

■ 종합쇼핑몰 등록

제3자단가계약을 체결하여 종합쇼핑몰 등록 시, 대표법인과 참여기업을 구분하여 등록하고, 대표법인이 참여기업의 상품정보 등을 유지·관리하여야 합니다.

■ 계약관리기준

계약을 체결하였더라도 여러 가지 사유로 계약이 해지될 수 있습니다.

관련 법령에서 수의계약 사유가 소멸한 때, 부정당업자 제재처분을 받았거나 제재기간 중에 있을 때, 기타 중대한 계약불성실 이행 등의 사유가 발생한 때가 그렇습니다.

　제3자단가계약의 계약기간 만료 후 재계약을 할 경우에는 납품실적, 수요기관의 의견, 품질 관리상태, 납품 후 사후서비스 등의 계약이행 실태를 고려하여 재계약 여부를 결정하며, 총액계약을 한 경우에도 이에 준하여 계약 여부가 결정됩니다.

사후관리 및 홍보

1 사후관리 및 사후 확인조사

조달청장은 지정된 공동상표 물품에 대해 수요기관으로부터 불만이 제기된 경우 또는 기타 필요하다고 판단되는 경우에는 해당 물품에 대한 시험검사를 실시하여 계약관리 등에 활용할 수 있으므로 주의를 기울여야 합니다. 해당물품에 대한 시험검사결과 문제가 있는 경우에는 시정을 요구받을 수 있습니다.

조달청장은 공동상표 물품의 지속적인 품질관리와 지정 물품의 적용인증 변동사항 확인을 위해 생산 또는 납품현장에서 품질 등에 대한 사후점검과 사후 확인조사를 실시할 수 있으며, 이때 지정업체는 사후 확인조사에 협조하여야 합니다.

지정업체는 사후관리를 위해 참여기업의 탈퇴, 지정심사 시 적용한 기술·품질인증 등의 변동, 주소나 전화번호 등의 변경, 기타 담당부서의 요구자료를 즉시 통보하여야 합니다.

조달청장은 수요기관 등에 대해 지정 제품의 기술, 품질, A/S 상태에 대한 실태조사 또는 여론조사를 실시하여 그 결과를 공동상표 물품 관리 및 계약에 활용할 수 있습니다.

지정업체가 고가납품, 품질불량 등 지정 및 계약 이행 등과 관련하여 물의를 일으킨 경우에는 위반 행위 관련 동일 세부품명(10자리) 기준으로 규격·인증추가, 지정기간 연장, 재계약, 수정계약 등 공동상표 물품 혜택의 확대·연장을 받지 못할 수 있습니다. 해당 업체 제품의 신뢰에 중대한 영향을 주는 위반사항으로서 관계공무원 등에 뇌물을 준 경우, 조달청장이 고시한 안전관리물자로 부정당업자 제재를 받은 경우, 담합, 허위·부정서류의 제출 등의 경우에는 업체 기준으로 혜택을 못 받습니다. 따라서 관리를 철저히 하여 불이익을 받지 않도록 하여야 합니다.

■ 제재조치 등

공동상표 물품과 관련하여 사회적인 물의를 일으킨 경우, 납품 후 물품의 기술 및 품질에 문제가 있거나 A/S를 실시하지 않아 수요기관으로부터 불만이 제기된 경우, 사후관리 등에 문제가 발생한 경우, 물품에 적용된 인증 등에 변동이 발생한 경우, 기타 공동상표 물품 지정 및 계약관리에 상당한 곤란을 초래한 경우에는 경고, 납품중지, 계약해지, 지정효력정지 등의 처분을 당할 수 있습니다.

경고를 받은 자 중 시정조치가 필요한 경우에는 경고조치를 받은 날부터 30일 이내에 시정결과를 알려줘야 합니다. 2회 이상 경고조치를 받은 물품에 대해서는 체결한 총액계약 또는 제3자단가계약을 해지당할 수 있습니다.

■ 지정 취소

지정 취소 사유에 해당하는 경우에는 공동상표 물품의 지정을 취소당할 수 있습니다. 이때 대표법인이 해당되면 공동상표 물품 전체가 취소당할 수 있으며, 참여기업이 해당될 경우에는 공동상표 물품 전체 또는 당해 참여기업의 지정이 취소될 수 있습니다.

지정 취소 사유는 다음과 같습니다.

허위 또는 부정한 방법으로 공동상표 물품 지정을 받은 경우, 적용인증이 취소되거나 이에 준하는 사유가 발생한 경우, 산업재산권 등 타인의 권리를 침해한 것으로 확인된 경우, 부도, 파산, 폐업 등이 확인된 경우(다만, 법원에 의한 회생절차가 개시된 때에는 회생절차의 종료 결과에 따라 취소 여부 결정), 물품의 생산 또는 판매에 있어 관련 법령에 따른 허가 등이 선행되어야 함에도 허가 등을 받지 아니한 경우, 이의 심사결과 이유가 있다고 인정되는 경우, 공동상표 물품과 다른 규격물품 납품 또는 납품지연, 품질불량(사후검사 불합격 포함) 등으로 계약관리가 곤란한 경우, 경고조치를 2회 이상 받은 경우, 우수조달공동상표 업체가 지정물품과 동일 세부품명인 물품으로 부정당업자 제재를 받은 경우, 관계공무원 등에 뇌물을 주거나 담합, 허위·부정서류의 제출로 부정당업자 제재를 받은 경우, 조달청장이 고시한 안전관리물자로 부정당업자 제재를 받은 경우, 참여기업 중 자격상실자를 제외하면 참여기업수가 5 미만으로 되는 경우, 법인대표자와 참여기업 또는 참여기업 간의 분쟁 등으로 공동상표 물품 사업의 정상적인 추진이 어렵다고 판단되는 경우, 공동상표 물품 지정마크를 부정한 방법으로 사용했을 경우, 공동상표 물품 참여기업이 당해 물품에 대하여 우수조달물품 지정을 받은 경우입니다.

공동상표 물품 지정을 취소하고자 할 경우에는 의견 제출 기회를 주고, 기술, 품질 등에 대한 판단이 필요한 경우에는 심사위원회의 심사를 거칩니다.

지정이 취소된 대표법인과 참여기업은 지정 취소일로부터 1년간 공동상표 물품 지정신청을 할 수 없습니다.

■ 지정증서의 재교부 및 반납

지정업체 또는 공동상표 물품에 대한 권리를 승계 받은 업체는 상호 또는 대표자가 변경된 경우, 포괄적 양수 또는 합병으로 공동상표 물품에 대한 모든 권리를 승계 받은 경우, 지정증서를 분실하였거나 규격추가 등 변경사항이 있는 경우 교부받은 공동상표 물품 지정증서와 관련 증빙서류를 첨부하여 지정증서의 재교부를 신청하여야 합니다.

한편, 특별한 사유 없이 지정증서를 반납하는 경우에는 공동상표 물품 지정 취소일로부터 1년간 공동상표 물품 지정신청을 할 수 없습니다.

2 표시

공동상표 물품으로 지정받은 물품에 대하여는 지정표시를 사용할 수 있습니다.

공동상표 물품 지정마크는 물품, 용기, 포장 및 홍보물 등에 사용할 수 있습니다. 다만, 공동상표 물품의 경우에만 홍보 등의 목적으로 지정마크를 사용하여야 하며, 다른 목적으로 지정마크를 사용하면 안 됩니다.

3 홍보

조달청장은 공동상표 물품의 종합적인 판로지원 및 홍보를 위하여 공동상표 물품 전시회 주최, 공동상표 물품 지정제도의 안내를 위한 인쇄물, 지정물품 목록 등의 제작·배포, 공동상표 물품의 기술 및 품질에 대한 지속적인 개선 등을 위하여 필요한 지원활동을 할 수 있습니다.

9장

有終之美

품질관리의 이해

조달물자 품질관리업무 체계

조달청은 조달물자 품질제고를 위해 「기업등록→제조→납품→사후관리」의 전체 조달과정에 대해 품질관리 시스템을 구축하여 운영하고 있습니다.

단 계	품질관리제도
사 전 품질관리	• 우수조달물품 계약규격·MAS 표준규격 관리 　- 조달물품의 품질제고를 위해 우수조달물품·MAS 제품의 규격 적정성 검토
상 시 품질관리	• 제조업체 직접생산 확인 　- 부실 제조업체의 조달시장 진입차단을 위해 공장·생산공정·고용인력 등을 확인 점검 • 조달물자 품질점검 　- MAS 물품, 조달우수제품 등의 생산현장을 방문하여 실사 점검 •「품질보증조달물품 지정제도」운영 　- 품질관리능력이 우수한 기업이 제조한 물품에 대하여 납품검사 면제 등 인센티브 부여
납품단계 품질관리	• 조달청 직접검사 　- 가구류, 섬유류 등에 대해 조달청 시험시설을 활용하여 이화학시험 및 검사 실시 • 전문기관 검사 　- 전문성이 필요한 물품, 다수의 수요기관이 사용하는 물품 등에 대해 국가공인시험기관에 위탁 검사
사 후 품질관리	•「조달품질신문고」운영 　- 조달물자의 불량·하자신고, 품질상담 등을 접수·처리

직접생산 확인제도

서류상으로만 회사를 만들어 놓고 입찰에 참여하여 낙찰 받아 정당하지 못한 방법으로 납품을 한다면 공공조달시장의 물이 흐려집니다.

이 제도는 물품제조로 입찰참가자격을 등록하려는 업체의 직접생산 여부를 확인함으로써 제조능력이 없는 업체의 입찰과 낙찰을 방지하여, 수요기관의 사업 수행에 지장을 초래하지 않도록 함은 물론, 진짜 제조업체를 보호하기 위한 제도입니다. 즉 페이퍼컴퍼니paper company를 발붙이지 못하게 하는 제도입니다.

계약이행능력이 없는 업체의 입찰 참가를 사전에 차단하여 추후 계약불이행으로 인한 사회경제적 비용 지출을 예방하고자 만든 제도입니다..

근거는 조달사업법 제3조의4에 조달물자의 품질향상을 위하여 제조업체의 직접생산 여부 확인을 위한 생산시설을 점검할 수 있도록 규정하고, 조달청이 고시하는 제조물품 직접생산확인 기준에 따라 직접생산 여부를 확인하고 확인서를 발급합니다.

참고로, 국가계약법 시행규칙 제15조에서는 입찰참가자격의 등록에 관해서 기술하고 있습니다.

각 중앙관서의 장 또는 계약담당공무원이 경쟁입찰업무를 효율적으로 집행하기 위하여 미리 경쟁입찰참가자격의 등록을 하게 할 수 있다는 내용인데요. 이때 경쟁입찰참가자격의 등록을 하려는 자 중 제조의 경우에는 「산업집적활성화 및 공장설립에 관한 법률 시행규칙」 제12조의3에 따른 공장등록대장 등본 또는 구촉법 제2조제8호에 따른 공공기관의 장이 직접생산을 확인하여 증명하는 서류(공공기관의 장이 직접생산을 확인하지 아니한 경우에는 조달청장이 직접생산을 확인하여 증명하는 서류)를 제출하여야 합니다.

직접생산 확인은 신규로 물품 제조등록을 신청하는 업체, 유효기간이 경과하여 물품 제조등록을 갱신하려는 업체, 이미 물품 제조등록을 한 업체가 대상이 되겠습니다.

주요 확인사항은 품명별 세부 직접생산확인 기준에 규정된 제조공장·시설(임차 가능), 인력 등이며, 품명별 세부 직접생산확인 기준은 조달품질원 홈페이지(www.pps.go.kr/center)에 공고하고 있습니다.

다음의 표에 나타난 바와 같이 직접생산확인 결과 '18년도에 부적합률이 많이 감소하고 있는 것은 조달업체들의 조달정책에 대한 관심과 이해도가 높아지고 있는 결과라고 보여 집니다.

구 분	'14년	'15년	'16년	'17년	'18년
품명수	2,831	2,030	1,226	1,296	1,489
부적합	603	334	246	352	124
부적합률	21.3%	16.5%	20.1%	27.2%	8.3%

규격서 검토

■ 우수조달물품

우수조달물품 계약규격 사전검토는 우수조달물품의 규격 적정성 및 품질강화를 위해 계약체결 전 규격서를 검토하는 것입니다.

근거는 조달사업법, 같은 법 시행령 및 조달청이 고시하는 "우수조달물품 지정관리 규정"에 자세한 내용이 있습니다.

우수조달물품 계약규격 사전 검토는 우수조달물품 계약체결 전에 계약대상자가 작성한 사전 규격서에 대한 적정성 여부를 검토하여 최종 계약규격서를 확정하는 것입니다.

■ MAS물품

MAS물품 표준규격 관리는 계약부서 요구 또는 품질관리의 필요에 따라 표준규격이 없는 물품의 표준규격을 새로 만들거나 기존 표준규격서를 현실에 맞게 현행화 할 필요가 있을 때 합니다.

근거는 조달사업법, 같은 법 시행령에서 찾을 수 있으며, 위 두 가지

업무는 조달품질원에서 전담하여 수행하고 있습니다. 실적은 아래 표와 같습니다.

(단위: 건)

구 분	'14년	'15년	'16년	'17년	'18년
우수조달물품 규격 사전 검토	101	224	195	225	268
MAS 표준규격 관리	135	81	29	37	20

조달물자 품질점검

조달물자의 생산현장을 수시로 방문하여 제품성능 등 품질을 점검함으로써 부실제품의 공급을 사전에 차단하고자 운영하는 제도입니다.

근거는 조달사업법 제3조의4(조달물자의 품질관리), 조달청이 고시하는 조달물자 품질점검업무 규정 및 물품구매계약 품질관리 특수조건 등에 규정되어 있습니다.

점검대상은 언론보도 등 품질과 관련하여 사회적 물의를 일으킨 물품, 국민 안전·생명보호·보건위생 등과 직결된 물품, 납품검사 및 품질점검에서 불량률이 높거나 품질신문고 등에 불만사항이 접수된 물품, 계약부서가 점검 요청한 물품, 정부정책을 지원하기 위한 물품, 조달납품에 차지하는 비중이 높은 물품 등이 해당됩니다.

품질점검 결과 규격 미달 시에는 계약조건·미달횟수에 따라 일정기간 나라장터 쇼핑몰 거래정지 및 차기계약 배제 등 불이익을 받습니다.

점검실적은 아래 표와 같습니다.

구 분	'14년	'15년	'16년	'17년	'18년
점검건수	666	629	986	1,048	1,135
규격미달	44	68	35	26	25
규격미달률	6.6%	10.8%	3.5%	2.5%	2.2%

품질보증 조달물품 지정제도

품질보증조달물품 지정제도는 조달업체의 품질관리 능력을 평가하여 우수한 품질관리체계를 갖춘 경우 3~5년간 납품검사 면제 등 인센티브를 부여하는 제도입니다.

즉, 업체의 품질관리 능력을 심사하여 품질보증조달물품으로 지정되면 납품검사 면제, 나라장터 종합쇼핑몰 구축 및 마크 부여 등 인센티브를 부여합니다.

조달업체의 자발적인 품질향상과 기술개발을 유도하고 검사비용 절감 및 신속한 물품공급 등 구매조달 효율성 향상을 도모하고자 운영하는 제도입니다.

근거는 국가계약법 제14조제3항(검사) 및 같은 법 시행령 제56조의2(검사를 면제할 수 있는 물품) 및 조달사업법 제3조의3제1항 및 조달청이 고시하는 "품질보증조달물품 지정 및 관리규정"에 규정되어 있습니다.

품질관리능력 심사 결과 일정점수 이상 획득한 업체를 품질보증기업으로 지정하는데, 심사(1,000점 만점)는 품질경영시스템(200), 생산공정(500), 성과(300)로 나눠 실시합니다.

S등급 750점 이상(5년 유효), A등급 700점 이상(4년 유효), B등급 600점 이상(3년 유효)으로 나눠집니다.

지정업체도 해마다 증가하여 '14년 30개사, '15년 41개사, '16년 41개사, '17년 51개사, '18년 73개사에 달합니다.

한편, 기존의 "자가품질보증물품 지정제도"는 업체 스스로 품질을 보증하는 제품으로 인식되어 수요기관이 별도의 납품검사를 실시하는 등 제도에 대한 인지도가 낮았었습니다. 이로 인해 조달업체의 참여가 저조한 측면이 있었던 것도 사실입니다. 이런 점을 인식하고 조달업체의 품질관리 능력을 평가하여 우수한 품질보증 체계 하에 생산된 제품이라는 인식 전환을 위해 '17.4.1.부터 "품질보증조달물품 지정제도"로 명칭을 변경하였습니다.

조달청 검사

검사에 대한 내용은 앞의 제2장 "약방의 감초-자주 쓰는 조달용어(검사 vs 검수)"에서 설명했으니 참고하시기 바랍니다.

조달청검사는 가구류, 섬유류 등 일부 물품에 대해 조달청 공무원이 직접 제조현장을 방문하여 관능검사 후 시료를 채취해 조달품질원에서 직접 검사를 실시합니다.

근거는 국가계약법, 같은 법 시행령 및 시행규칙에 있고, 조달청 조달품질원 시험 · 분석 규칙, 조달청 검사 및 이화학시험업무규정도 있습니다.

대상은 가구류 54종, 섬유류 50종, 지류 3종, 금속재울타리, 합성목재, PVC · PE관류 4종 등 6개 품류, 113개 품명이 해당됩니다.

검사는 최초 납품요구누적금액이 1억 원 이상일 때 하고, 이후에는 종전 조달청 검사 납품요구일로부터 60일이 경과하고 납품요구금액을 다시 누적 하여 3억 원이 될 때마다 검사를 하게 됩니다. 단, 지류는 최초 5천만 원 이상일 때, 이후에는 60일 경과 후 매 2억 원 이상일 때 조달청검사를 받게 됩니다.

검사실적은 아래 표와 같습니다.

구 분	'14년	'15년	'16년	'17년	'18년
검사건수	2,284	2,399	2,491	3,394	2,926
불합격건수	43	31	44	55	50
불합격률	1.9%	1.3%	1.8%	1.6%	1.7%

전문기관 검사

조달청 고객의 한 축인 수요기관의 요구는 기존의 가격에서 품질로 변화되고 있습니다. 이는 수요기관 구매담당자를 대상으로 한 설문조사 결과 품질에 대한 불만이 높은 것에서 여실히 드러났습니다. 또한 각 수요기관은 조달물자에 대한 검사를 조달청이 직접 수행하여 줄 것을 요청하는 목소리가 높았습니다.

그러나 조달청은 인력 운영의 한계가 있었고 장비 또한 부족하였기 때문에 쉽게 수요기관의 요구를 수용하기가 어려웠습니다. 그래서 가구류, 섬유류 등 일부 품목만 조달청에서 직접 검사업무를 수행하고, 나머지 품목은 전문기관의 지식, 기술, 노하우를 활용하여 품질관리에 대한 실효성을 확보하고자 외부 전문검사기관을 활용하기로 하였습니다.

그 결과 국가공인 전문검사기관에 의한 전문적이고 체계적이며 실효성 있는 품질관리를 통한 품질검사의 객관성 및 공정성 확보를 위해 조달물자 전문기관검사 제도를 도입하게 되었습니다.

즉, 전문성이 부족한 수요기관이 자체 실시하던 납품검사를 전문검사기관에 위탁하여 실시함으로써 주요 조달물자의 품질을 확보하고자 운영하는 제도입니다.

절차적으로는 조달청이 전문검사기관을 지정하고 조달물자 전문기관검사 업무규정에 정한 절차에 따라 전문기관이 제조공장 또는 납품현장에서 직접 검사를 실시합니다.

근거는 조달사업법, 조달물품 전문기관검사 업무규정(조달청 고시) 및 물품구매계약 품질관리 특수조건 등에 규정되어 있습니다.

검사대상은 국민생활과 밀접한 관련이 있는 물품부터 시작하여 지금은 기계류 등 전문성을 요하는 물품 1,103개 품명을 지정해 놓은 상태입니다.

대상품목은 입찰공고 시 납품검사는 전문기관에서 한다고 명시합니다. 계약체결을 요청하거나 납품요구를 하면 계약상대자는 해당 품목의 전문기관을 선택하고, 납품 전 계약서에 기재된 전문기관의 검사를 받아 합격하여야 납품할 수 있습니다.

계약상대자 입장에서는 누적 납품요구금액이 최초 1억 원 이상일 때 실시하고, 이후에는 60일 경과 후 3억 원에 도달할 때마다 실시한다는 사실을 잘 알고 있어야 합니다.

이 제도를 시행함으로써 얻는 기대효과는 아주 많습니다. 첫째는, 전문기관이 객관적 입장에서 품질검사를 함으로써 품질검사에 대한 신뢰도를 제고합니다. 둘째는, 규격미달 제품의 납품을 예방함으로써 품질향상 노력을 유도하고 수요기관 목적사업의 원활한 수행을 지원합니다. 셋째는, 전문검사기관의 역할 분담에 따라 조달청의 인력 운영 효율성을 꾀할 수 있습니다. 넷째는, 결과적으로 수요기관의 만족도를 높였습니다.

현재 지정 검사기관은 한국산업기술시험원 등 20개 기관이 있습니다. 앞으로 참여 기관이 증가하리라 생각됩니다.

전문기관검사 실적은 다음 표와 같습니다.

구 분	'14년	'15년	'16년	'17년	'18년
검사건수	7,622	7,189	7,729	8,624	8,819
불합격	87	43	76	198	122
불합격률	1.1%	0.6%	1.0%	2.3%	1.4%

조달품질신문고

조선시대에 백성을 위해 설치된 고발기구가 있었는데 그것은 바로 1401년 백성들의 억울한 일을 해결할 목적으로 대궐 밖에 설치한 '북'입니다. 이름 하여 "신문고"입니다. 백성들은 억울한 일이 있으면 이 북을 쳐 임금님에게 알렸습니다. 좋은 제도이기에 요즘에는 이 제도를 본떠서 국민신문고, 안전신문고, 시민신문고 등 여러 가지 제도를 도입, 운영하고 있습니다.

조달청에서 운영하는 조달품질신문고는 조달물자의 품질·서비스에 대한 불만사항, 제도개선 사항 등을 신고 또는 제안하는 품질 관련 민원처리 시스템입니다.

조달청에서는 조달물자의 하자발생·품질불만, 품질개선 제안을 온라인으로 접수·처리할 수 있도록 나라장터에 '조달품질신문고'를 구축, 운영하고 있습니다. 이용자 편의를 위해 직통신고전화(1588-8128)도 개설하여 운영하고 있습니다.

근거는 조달사업법, 조달물자 하자처리 등 사후관리에 관한 규정(조달청 고시)에 규정되어 있으며, 운영실적은 다음 표와 같습니다.

구 분	'14년	'15년	'16년	'17년	'18년
하자 신고 건수	58	44	70	67	80
고객제안 건수	3	1	–	–	–
합 계	61	45	70	67	80

10장

하늘은 스스로 돕는 자를 돕는다

각종 지원제도

사회적 약자기업 지원

우리는 왜 약자를 보호해야 할까요? 인간은 사회적 동물이라 혼자 살수 없습니다. 누군가의 도움이 있어야 내가 행복할 수 있습니다. 우리는 참으로 복잡다단한 사회구조 속에 살고 있습니다. 그러하기에 누구나 상대적으로 약자가 될 수 있습니다.

여러분은 예전에 괴롭힘을 당해 본 경험이 더러 있을 것입니다. 그 고통이 얼마나 컸던가요? 우리는 인간입니다. 강자가 약자를 잡아먹는 동물의 왕국에 살고 있지 않습니다. 언젠가는 늙고 병들 것이며, 영원한 1등도 없을 것입니다. 언젠가 약자였고, 앞으로 또 언젠가는 약자가 될 수 있습니다.

우리는 더불어 함께 살아가야 할 운명공동체입니다. 선진사회로 나아가기 위해서 약자 보호를 통해 다같이, 함께, 더불어 행복한 사회를 만들었으면 좋겠습니다.

① 중소기업

9988이라고 들어 보셨을 겁니다.

중소기업이 전체 기업 수의 99%를 차지하고, 전체 고용의 88%를 담당하고 있다는 말인데 그만큼 중소기업이 한국경제에 미치는 영향이 크다는 말입니다. 그런데도 중소기업은 대기업에 비해 여러 가지 면에서 약자의 위치에 있습니다. 그래서 정부에서는 여러 가지 제도를 통해 중소기업을 보호 육성하고 있습니다.

중소기업을 지원할 수 있는 법적근거는 구축법 제4조에 나와 있습니다. 공공기관의 장은 물품·용역 및 공사에 관한 조달계약을 체결하려는 때에는 중소기업자의 수주 기회가 늘어나도록 하여야 한다고 되어 있죠. 이때 중소기업의 범위는 「중소기업기본법 시행령」 제3조에 따라 주된 업종별로 평균매출액 등이 400억 원 ~ 1,500억 원 이하이면서 자산총액이 5천억 원 미만일 경우에 해당됩니다.

중소기업을 지원하는 제도 몇 가지를 소개하면, 중소기업자간 경쟁제품에 대하여 중소기업자간 경쟁을 통해 구매하는 제도가 있고, 중소기업자간 경쟁제품의 소액수의계약제도, 고시금액 미만 일반물품에 대한 대기업의 입찰 참가제한, 물품구매 적격심사 우대를 통한 수주기회 확대 등이 있습니다.

또 앞에서 자세히 설명한 바 있는 중소·벤처기업의 판로지원을 위한 우수조달물품 지정 및 수의계약 제도, 중소기업자간 기술공유 및 이전, 공동생산 등 상생협력 지원을 위한 우수조달공동상표 지정 및 수의계약 제도 등이 있습니다.

최근 5년 동안의 내자분야 중소기업 지원 실적을 보면 아래 표와 같습니다. '18년 말 기준 전체 조달실적 27조 중에 80% 수준을 중소기업과 계약하고 있습니다.

(단위 : 억 원. %)

구 분		'14년	'15년	'16년	'17년	'18년
총 대상사업(A)		225,396	240,168	242,638	263,026	273,283
중소기업 지원실적(B)*	물 품	150,004	160,331	163,606	179,780	182,794
	서비스	24,351	31,506	33,422	32,167	34,338
	소계	174,355	191,837	197,028	211,947	217,132
지원비율(B/A)		77.4	79.9	81.2	80.6	79.5

다음에서는 몇 가지 대표적인 중소기업 지원제도에 대해 자세히 설명하겠습니다.

■ 중소기업자간 경쟁계약제도

'07년 이전에는 단체수의계약제도라는 것이 있었습니다. 지정된 물품을 협동조합과 같은 단체와 수의계약에 의하여 구매공급하다 보니까 품질경쟁이나 가격경쟁이 이루어지지 않고 제도적인 보호아래 안주함으로써 기술개발에 나서지를 않았습니다. 이런 상황에서는 중소기업의 경쟁력은 불보듯 뻔했습니다.

그래서 이러한 폐단을 없애고 중소기업의 기술개발을 통한 경쟁력 제고를 위해 중소기업자 간에 경쟁하도록 단체수의계약 제도를 수술했습니다. 중소기업 제품의 판로확보와 중소기업 경영기반의 확대를 위해 중소기업자간 경쟁제품으로 지정된 제품에 대하여 중소기업자간 경쟁을 통해서만 구매하도록 하는 제도입니다. 대기업을 원천적으로 배제한 제도이죠.

중소기업자간 경쟁제품은 해마다 중소벤처기업부 고시에 의하여 지정, 운영하고 있습니다. 구촉법 제6조 등에 근거하고 있습니다. '18년 말 기준 212개 물품이 지정되어 있는데, 이 물품들은 직접 생산하고 있는 중소기업자만 입찰참가가 가능합니다. 입찰참여업체의 직접생산 여부는 중소벤처기업부의 공공구매 종합정보망을 통하여 확인할 수 있습니다.

중소기업자간 경쟁제품의 낙찰자 결정은 계약이행능력심사를 통하여 하고 있습니다. 과도한 저가 낙찰을 방지하기 위하여 예정가격의 87.995% 이상에서 낙찰자가 결정되도록 제도화하여 가격을 보장하고 있습니다.

중소기업자간 경쟁계약 실적은 '18년 말 기준으로 전체 20조 6천억 원의 경쟁계약 중에 35.5%인 7조 3천억 원을 차지하고 있습니다.

구 분	'14년	'15년	'16년	'17년	'18년
경쟁계약실적(A)	172.2	185.3	177.7	195.8	205.8
중기간경쟁(B)	86.6	91.7	82.2	82.5	73.0
비 율(B/A)	50.3	49.5	46.2	42.1	35.5

■ 중소기업자로 구성된 공동수급체간 경쟁입찰제도

소기업·소상공인의 수주기회 확대를 위해 중소기업자간 경쟁제품 중 일정규모 이상의 표준제품에 대하여는 중소기업자로 구성된 공동수급체 간의 경쟁입찰제도를 2010년에 도입하였습니다.

대상 제품은 법률에 따라 규격 및 품질기준이 정해진 제품으로서 기업 간 기술·품질의 차별성이 적고, 공동수급체 간 경쟁입찰이 가능한 제품 으로 조달청장이 지정 고시합니다. 표준제품으로 지정되면 일정규모 이상 의 입찰에는 개별기업의 참여가 제한됩니다.

규모는 추정가격 20억 원 이상으로 조달청장이 제품별로 단가 등을 고 려하여 금액을 정합니다. 구성원이 5인 이상으로서 소기업·소상공인이 3 인 이상 포함된 공동수급체는 우대할 수 있습니다. 이러한 적용제품, 우대 관련 사항, 운용기준 등은 조달청이 기획재정부와 협의하여 고시합니다.

현재는 중소기업자간 경쟁물품 중 레미콘 등 8개 표준제품이 지정되어 있습니다. 레미콘, 아스콘(50억 원 이상, 총액·단가계약), 비닐절연전선, 전기용연선(20억 원 이상, 총액·단가계약), 그 밖에 맨홀박스 등 4개 제품(20억 원 이상, 총액계약)에 대하여 중소기업자로 구성된 공동수급체간 경쟁을 통해 낙찰자를 결정합니다.

■ 소액 수의계약제도

추정가격이 5천만 원 이하의 물품·용역은 중소기업 등으로부터 수의계약, 견적경쟁 등으로 구매가 가능합니다. 지방중소기업지원 확대 및 소액구매의 효율성 제고를 위하여 소액계약의 적용범위를 종전 3천만 원 이하에서 현재는 5천만 원 이하로 확대하여 운영하고 있습니다. 추정가격 2천만 원 이하는 1인 수의계약이 가능하고, 2천만 원 초과 ~ 5천만 원 이하는 견적경쟁을 통해 구매할 수 있습니다. 다만, 장애인기업 및 여성기업과는 5천만 원 이하에 대하여도 1인 수의계약이 가능합니다.

관련 근거는 국가계약법 시행령 제26조제1항제5호 및 제30조, "정부입찰·계약집행기준" 제10조의2, 지방계약법 시행령 제25조제1항제5호 및 제30조, "지방자치단체 수의계약 운영요령"에 있습니다.

중소기업자간 경쟁물품의 경우에는 해당 조합에 적격업체의 추천을 의뢰하여 동 추천업체간 견적경쟁을 실시합니다. 추정가격 2천만 원 이상 5천만 원 이하는 5개 이상의 소기업 또는 소상공인을 대상으로 하고, 추정가격 2천만 원 미만은 2개 이상 소기업 또는 소상공인을 대상으로 합니다.

낙찰자 결정은 국가계약법 적용기관의 경우 예정가격 대비 88%(청소·경비용역은 90%) 직상위자를 계약상대자로 결정하고, 지방계약법 적용기관의 경우에는 2천만 원 미만은 90%, 2천만 원 이상 5천만 원 이하는 87.745% 직상위자를 계약상대자로 결정합니다.

중소기업자간 경쟁물품이 아닌 일반 물품의 경우에는 2천만 원 이하는 ① 수요기관 추천업체, ② 여성경제인협회 또는 장애경제인협회 추천업체, ③ 전체 중소기업 대상 지역제한 견적경쟁 순으로 계약을 추진하고, 견적경쟁 시 계약상대자 결정기준은 중소기업자간 경쟁물품의 추정가격 2천만 원 이하와 동일한 방법으로 선정합니다.

2천만 원 초과 ~ 5천만 원 이하는 수요기관에서 여성기업, 장애인기업을 추천하면 해당기업과 우선 계약체결하고, 수요기관 추천이 없는 경우 나라장터 공고를 통해 소기업 또는 소상공인을 대상으로 견적경쟁을 실시하며, 견적경쟁 시 계약상대자 결정기준은 중소기업자간 경쟁물품의 추정가격 2천만 원 초과 ~ 5천만 원 이하와 동일한 방법으로 계약대상자를 선정합니다.

소액 구매는 조달청 의무구매 대상에 포함되지는 않으나 수요기관 편의 제공을 위해 조달청 위탁 구매를 진행하여 왔으며 '10년부터 조달업무의 효율성 제고를 위해 위탁 구매 범위를 점차적으로 축소하기 시작했고, '17년부터는 일부 예외적인 경우를 제외하고는 수요기관에서 직접 처리하도록 구매 위임하기에 이르렀습니다.

그 결과 '18년 말 기준 소액계약은 내자전체 계약건수의 0.4%, 전체공급실적의 0.01%를 차지하는데 불과합니다.

■ 공사용 자재 직접 구매제도

여러분께서 직접 자기 집을 짓는다고 가정해 보겠습니다. 건축업자와 계약을 하고 모든 것을 맡길 수도 있지만, 일부 자재들은 직접 구매해서 건축업자에게 지급하여 시공하도록 할 수도 있을 것입니다.

이와 같이 공공기관이 공사 발주 시 공사에 소요되는 자재 중에서 "공사용 자재 직접구매대상품목"으로 지정된 자재가 포함되어 있을 경우에는 공사에서 분리하여 직접 구매함으로써 중소제조업체가 대형 건설사 등의 하청업체로 전락하는 것을 방지하고, 중소기업 제품 구매를 확대하여 중소기업의 경영안정을 지원하기 위한 제도입니다.

구촉법 제2조에서 정의한 공공기관이 발주하는 공사로써, 「건설산업기본법」상 종합공사는 공사예정가격이 40억 원 이상, 전문 · 전기 · 통신 · 소방공사는 3억 원 이상의 공사인 경우에 동 공사에 소요되는 자재 중 중소벤처기업부장관이 지정한 품목으로써 품목단위로 추정가격이 4천만 원 이상 되는 자재가 적용대상입니다. 현재는 가구, 가드레일 등의 제품이 지정되어 있습니다.

② **지방기업**

일정규모 이하 물품제조, 용역의 경우 해당 지역소재 업체를 대상으로 지역제한 경쟁입찰을 실시할 수 있습니다. 지역제한 입찰제도는 국가기관은 국가계약법 시행령 제21조제1항제6호 및 같은 법 시행규칙 제24조제2항에 근거하여 추정가격 2.1억 원 미만에 적용하고, 지방자치단체는 지방계약법 시행령 제20조제1항제6호 및 지방계약법 시행규칙 제24조제2항에 근거하여 광역자치단체는 3.2억 원 미만, 기초자치단체는 5억 원 미만에 적용할 수 있습니다.

'18년 말 기준 내자 전체의 제한경쟁입찰 중 지역제한 실적은 0.1%로 나타났습니다. 지역제한 입찰 실적이 얼마 되지 않아 아쉽기는 합니다만, 각 수요기관의 애로도 있어 보입니다.

(단위: 억 원. %)

구 분	'14년	'15년	'16년	'17년	'18년
제한경쟁실적(A)	101,071	106,424	94,676	103,435	101,782
지역제한실적(B)	446	484	441	258	118
지원율(B/A)	0.4	0.5	0.5	0.2	0.1

지역업체의 편의를 제고하고, 수주기회를 확대하고자 본청 구매업무를 점차적으로 지방청에 이양하고 있습니다. 지방청 구매가 곤란한 정밀첨단

시스템장비나, 지방업체가 공급이 불가능한 품목만 본청에서 집행합니다.

레미콘, 아스콘, 시멘트 가공제품 등 지역 수요물자는 전량 지역소재 업체의 생산품을 우선구매하고 있습니다. 지방소재 농공단지 입주업체 및 보훈단체 생산제품은 수의계약이 가능하고, MAS계약제도를 활용하여 지역소재 업체 생산품을 적극 발굴하여 계약을 확대하고 있습니다.

지방자치단체에서 자체구매할 수 있도록 위임범위를 계속 확대해 왔습니다. 초창기에는 일정 금액 미만만 자체구매할 수 있었으나, '08년부터는 금액에 상관없이 완전 자율화되었습니다.

그러나 조달청에서 단가계약을 체결한 수요물품 구매의 경우 지방계약법 시행령 제80조 취지에 따라 특별한 사유가 없는 한 조달청의 단가계약 물품을 구매하여야 합니다.

③ 여성기업

여성기업은 「여성기업지원에 관한 법률」 제2조제1호 및 같은 법 시행령 제2조제1항에 "여성이 소유하고 경영하는 기업"으로 정의되어 있습니다. 여기서 말하는 기업은 대표권이 있는 임원으로 등기되어 있는 여성이 최대출자자인 「상법」 상의 회사, 여성이 「소득세법」 또는 「부가가치세법」 에 따라 사업자등록을 한 개인사업자를 말합니다.

이들 여성기업 지원 내용을 살펴보면 여러 곳에서 여성기업 지원을 규정하고 있습니다.

우선 「여성기업지원에 관한 법률」 제9조제1항(공공기관 우선 구매)에서는 "공공기관의 장은 여성기업(중소기업자)이 직접 생산하고 제공하는 제품의 구매를 촉진하여야 한다."고 되어 있습니다.

또 국가계약법 시행령 제30조(여성기업 소액수의계약)에서는 "추정가격이 2천만 원 이하인 경우 1인 견적에 의할 수 있으나, 여성기업 또는 장애인기업에 대해서는 추정가격 5천만 원 이하까지 1인 견적이 가능하다."고 되어 있습니다.

즉 추정가격 2천만 원 이하의 물품에 대해 수요기관 추천이 없는 경우에는 한국여성경제인협회에서 추천하는 여성기업(또는 한국장애경제인협회 추천 장애인기업)과 수의계약을 할 수 있습니다.

'14년부터는 국가(지방)계약법 시행령 개정으로 여성 또는 장애인기업과의 1인 소액수의 계약금액이 2천만 원에서 5천만 원 이하로 확대되어 추정가격 2천만 원 초과 5천만 원 이하의 물품에 대해 수요기관에서 여성기업을 추천하면 해당기업과 우선적으로 계약을 체결합니다.

또 물품구매적격심사 시 신인도 분야에 가점을 부여합니다.

신인도 평가 시 여성기업은 그 존속기간에 따라 0.25점에서 1.0점까지 추가 점수를 부여합니다. 여성고용 우수기업은 여성고용률과 여성종업원 수에 따라 최대 1.25점까지 가점을 부여하고 있습니다. 고용노동부장관에 의해 남녀고용평등 우수기업으로 지정 받은 자는 2.0점의 가점을 줍니다.

이 외에도 나라장터 종합쇼핑몰에 '여성기업 전용몰'을 구축하여 수요기관 구매를 지원하고, MAS 2단계경쟁 평가 시 우대하기도 합니다. 또한 정부조달 우수제품 선정 심사 시 여성기업 및 여성고용 우수기업에 신인도 1점을 부여하여 여성기업을 우대합니다.

'18년 말 기준 조달청 입찰참가자격 등록 여성기업 수는 14만 6천여개사로 전체 등록업체 수 53만개사의 27.6%를 차지합니다.

(단위 : 개)

구 분	'14년	'15년	'16년	'17년	'18년
총 등록업체수	384,994	421,276	458,220	496,616	530,771
여성기업수	71,848	81,701	119,150	132,044	146,528
비율(%)	18.7	19.4	26.0	26.6	27.6

한편 '18년 말 기준으로 내자분야 총 27.3조 원의 실적 중에 10.1%인 2.74조 원을 여성기업과 계약하였습니다.

④ 사회적기업

「사회적기업 육성법」 제12조제1항(공공기관 우선 구매)은 "공공기관의 장은 사회적기업이 생산하는 재화나 서비스의 우선 구매를 촉진하여야 한다."고 규정하고 있습니다.

사회적기업은 「사회적기업 육성법」 제2조제1호에서 "취약계층에게 사회서비스 또는 일자리를 제공하거나 지역사회에 공헌함으로써 지역주민의 삶의 질을 높이는 등의 사회적 목적을 추구하면서 재화 및 서비스의 생산·판매 등 영업활동을 하는 기업"이라고 규정하고 있습니다.

한국사회적기업진흥원 자료에 의하면 '18년 말 기준으로 2,122개의 사회적기업이 있습니다.

지원 제도의 내용을 살펴보면, 물품구매 및 일반용역 적격심사 시 신인도 가점 2.0점 부여하고, 나라장터 종합쇼핑몰에 '사회적 가치 실현기업 전용몰'을 구축하여 수요기관 구매를 지원하고 있습니다. 또 MAS 2단계 경쟁 평가 시 우대하기도 합니다.

사회적기업 조달실적은 내자구매와 시설계약을 합쳐 ('14)769억 원 → ('15)1,463억 원 → ('16)1,342억 원 → ('17)1,607억 원 → ('18)2,138억 원으로 해를 거듭할수록 증가하고 있습니다.

5 장애인기업

「장애인기업활동 촉진법」 제9조의2에서 "공공기관의 장은 장애인기업이 생산하는 물품의 구매를 촉진하여야 한다."고 되어 있습니다. 또한 같은 법 제2조에서 장애인기업은 "장애인이 소유하거나 경영하는 기업 또는 상시근로자의 총수 중 장애인의 비율이 100분의 30 이상인 기업"이라고 되어 있는데, 장애인이 대표권이 있는 임원으로 등기된 회사 또는 장애인이 「소득세법」 또는 「부가가치세법」에 의거 사업자등록을 한 업체가 해당됩니다.

지원 제도를 살펴보면, 먼저 일반경쟁제품의 소액수의 계약을 통한 지원이 있습니다. 여성기업과 동일하게 추정가격 5천만 원 이하에 대해서는 수의계약이 가능합니다. 2천만 원 이하 구매 시 한국장애경제인협회 추천 장애인기업과 수의계약이 가능하고, 2천 ~ 5천만 원 이하 구매 시에는 수요기관이 추천하는 장애인기업과 수의계약이 가능합니다.

또 물품구매 및 일반용역 적격심사 시 장애인기업 1.5점, 장애인고용우수사업주 2점, 3개월 평균 장애인고용률이 2.9% 이상인 기업 1점의 신인도 가점이 적용됩니다.

나라장터 종합쇼핑몰에 '장애인기업 전용몰'을 구축하여 수요기관 구매를 지원하고, MAS 2단계경쟁 평가 시 우대하기도 합니다.

중증장애인생산품에 대해서는 보훈·복지단체 물량배정에 의한 수의계약이 가능하며, 정부조달 우수제품 선정 심사 시 장애인기업 및 장애인고용 우수기업에 신인도 1점을 부여하여 장애인기업을 우대해 줍니다.

장애인기업 지원실적도 해를 거듭할수록 실적이 크게 증가하고 있는데 '18년 말 기준으로 내자계약 전체 27.3조 원 중에서 2.7%인 7.4천억 원을 장애인기업과 계약하고 있습니다.

⑥ 보훈·복지단체

정부는 영세중소기업의 보호육성과 농어촌의 유휴노동력 활용을 목적으로 조합단체와 새마을공장이 생산하는 물품을 수의계약으로 구매공급 할 수 있는 중소기업협동조합과의 단체수의계약제도를 1965년에 도입하였습니다.

그 이후 30여년이 지난 1996년 말에는 상이군경회 및 장애인복지단체 등 보훈·복지단체에 대한 수의계약 근거법령이 신설되기에 이릅니다.

보훈·복지단체와의 수의계약제도는 정부예산을 사용하는 공공조달에 보훈·복지단체의 참여를 통해 단체 구성원의 경제적·사회적 자립을 지원하기 위한 제도입니다.

국가계약법시행령 제26조에는 국가유공자 자활집단촌, 상이단체, 중증장애인생산품생산시설, 사회복지법인의 직접생산 물품에 대한 수의계약이 허용됩니다.

이로 인해 단체수의계약물량에 대해 조합과 보훈·복지단체 간에 물량 확보 경쟁이 치열해지자 2000년 5월 조달청에서는 물량배정제도를 도입하고 시행하기에 이릅니다.

그래서 조달청은 국가계약법상의 보훈·복지단체에 대한 수의계약 규정을 근거로 단체별로 일정 물량을 수의계약방식으로 배정하고 있습니다.

'18년 말 현재 59개 단체 생산물품 45개에 대해, 경쟁계약(80%)과 보훈·복지단체배정(20%)으로 구분하여 20% 내에서 단체별로 분할하여 배정하고 있습니다.

물량배정방식 말고도 특정단체가 생산하는 물품(「중증장애인생산품우선구매특별법」 제2조제2항에 해당하는 중증장애인생산품, 중소기업자간 경쟁제품, 기존 물량배정대상 물품) 중에서 수요기관이 수의계약사유서를 첨부하여 구매요청하면 수의계약으로 구매 추진이 가능합니다.

'18년 말 기준 내자 전체 실적 중에서 0.7%인 1,778억 원 정도를 보훈·복지단체와 수의계약을 체결하여 공급하고 있습니다.

(단위: 억 원, %)

구 분	'14년	'15년	'16년	'17년	'18년
총 구매실적(A)	225,396	240,168	242,638	263,026	273,283
보훈복지단체 수의계약(B)	1,953	2,344	2,189	1,733	1,778
점유율(B/A)	0.9	1.0	0.9	0.7	0.7

우선구매제도

1 중소기업기술개발제품 우선구매제도

중소기업기술개발제품 우선구매제도는 중소기업자가 개발한 기술제품을 공공기관에서 우선적으로 구매토록 함으로써 중소기업 기술개발제품의 판로를 지원하기 위한 제도입니다.

구축법 제13조 및 같은 법 시행령 제12조에 의하면 중소벤처기업부장관이나 관계 중앙행정기관의 장은 정부 및 공공기관 등에 우선구매 등에 필요한 조치를 요구할 수 있습니다.

우선구매비율은 중소기업물품 구매액의 10% 이상입니다.

기술개발제품 지정은 구축법 제14조 및 같은 법 시행령 제13조에 따른 제품을 대상으로 합니다.

성능인증제품(EPC), 우수조달물품으로 지정된 제품, 신제품으로 인증된 제품(NEP), 소프트웨어 품질인증제품(GS), 신기술 제품(NET), 민·관 공동투자 기술개발성공제품, 구매조건부사업 성공제품, 구매조건부사업 신제품사업 성공제품, 녹색인증제품, 우수조달 공동상표 물품, 융·복합기술개발사업 성공제품, 산업융합품목 지정 제품, 중소기업과 공동 추진한 연구개발선정품, 성과공유과제확인제품

중소기업기술개발제품은 국가계약법 시행령 제26조제1항제3호에 따라 수의계약이 가능합니다.

② 중증장애인생산품 우선구매제도

일반인들과 같은 조건에서 취업이 어려운 중증장애인들을 고용하는 중증장애인생산품 생산시설의 제품 및 서비스에 대하여 우선적으로 구매할 수 있도록 지원하기 위한 제도입니다. 그래서 중증장애인의 직업재활 및 일자리 창출을 통한 소득보장에 기여하고자 만든 제도입니다.

대상품목	사무용양식류, 사무용지류, 화장용종이류, 칫솔류, 장갑 및 피복류, 포대류, 가구류, 현수막, 종이컵, 사무용소모품류, 서적 및 그 밖의 잡종 인쇄물 등
지정시설수	579개소
지정/수행기관	보건복지부/한국장애인개발원, 한국장애인직업재활시설협회

「중증장애인생산품 우선구매 특별법」 제7조에 따라 국가기관, 자치단체, 교육청 및 공공기관 등이 우선구매 대상기관이 됩니다. 또한 이들 기관은 총 구매금액의 1% 이상 의무구매하여야 합니다.

한편, 중증장애인생산품은 국가계약법 시행령 제26조제1항제4호에 따라 수의계약이 가능합니다.

③ 신제품 우선구매제도

「산업기술혁신촉진법」 제17조에 따르면, 국내에서 최초로 개발된 신기술에 의해 제작된 제품에 대하여 기술성, 성능, 품질을 평가하고 NEP 인증마크를 부여하여 자금 및 우선구매를 지원할 수 있습니다.

국가기관, 자치단체, 공공기관 등이 의무구매대상기관에 해당되고, 공공기관은 구매하려는 품목에 인증신제품이 있는 경우 해당 품목 구매액의 20% 이상을 인증신제품으로 구매하여야 합니다.

유동성 지원

1 선금 제도

물품제조 및 용역으로서 계약상대자가 요청하면 계약금액의 100분의 70의 범위 안에서 선금을 지급받을 수 있는데, 계약금액규모에 따라 30 ~ 50%는 의무적으로 지급해 줍니다. 10억 원 이상은 30%, 3억 원 ~ 10억 원 미만은 40%, 3억 원 미만은 50%입니다.

그러나 부정당업자 제재기간 중에 있는 자는 선금지급 대상에서 제외되므로 계약 관리를 철저히 해야 합니다.

한편 신기술을 사용하는 물품 및 용역계약에 있어서 기술개발투자를 위한 자금이 계약이행초기에 집중적으로 소요될 때에는 10%를 추가 지급하고, 「저탄소 녹색성장 기본법」 제32조제2항에 따라 녹색기술・녹색사업에 대한 적합성 인증을 받거나 녹색전문기업으로 확인받은 경우에도 10%를 추가 지급합니다.

계약자는 노임 지급 및 자재확보에 선금을 우선 사용해야 하며, 계약목적 달성을 위한 용도 이외의 다른 목적으로 사용이 금지됩니다.

구 분	'14년	'15년	'16년	'17년	'18년
총 선금지급실적(A)	5,650	6,568	7,244	8,237	8,477
중소기업 지원실적(B)	5,482	6,295	6,978	7,909	8,021
지원비율(B/A)	97.0	95.8	96.3	96.0	94.6

② 대지급 제도

조달청에서 계약한 것은 기본적으로 수요기관의 예산으로 집행됩니다. 따라서 계약 이행이 완료되면 수요기관이 대금을 지급함이 기본입니다. 그러나 조달청장이 체결한 계약이 정상적으로 이행된 경우로서 납품업체의 규모, 계약방법, 자체 자금사정 등을 고려하여 계약 이행 대금을 수요기관을 대신하여 지급하는 제도가 있는데 이것을 대지급이라고 합니다.

대지급의 근거는 조달사업법 제5조의3(대금지급) 제1항, 같은 법 시행령 제9조의4(대지급 대상)에 규정되어 있습니다.

대지급 제도는 조달업체는 물론 수요기관 측면에서 편리하고 효율적인 제도로 평가받고 있습니다.

조달업체 입장에서는 다수의 수요기관에 납품한 것을 모아서 1건으로 대금청구가 가능하여, 여러 기관 방문에 따른 인건비 등 거래비용을 절감할 수 있는 등 대금 청구 절차가 대폭 간소하게 되었습니다. 여러 기관에 수시로 반복적으로 납품되는 단가계약 품목 등은 아주 효과적으로 운영할 수 있습니다.

수요기관 입장에서는 직불 시 필요한 각종 서류 검토·작성 없이 조달 청 고지서에 의거 대금지급 업무를 끝낼 수 있어 여간 편리한 것이 아닙 니다. 대금지급 업무에 배치되는 인력을 절감하여 수요기관 고유 업무 수 행에 역량을 집중할 수 있으니까요.

'08. 9월 금융위기를 계기로 의원입법 등에 의거 수요물자 대금 대지급 확대를 위한 조치를 계속해 온 결과 대지급 비율이 크게 상승하였습니다.

대지급 비율은 '08년 5%에서 '18년 말 현재 66%로 확대조치 전보다 약 61%p나 상승하였습니다.

③ 물품대금 즉불제

국가계약법 시행령 제58조에서 국고의 부담이 되는 계약의 대가는 검 사를 완료한 후 계약상대자의 청구를 받은 날부터 5일 이내에 지급하여야 한다고 되어 있습니다. 천재·지변 등 불가항력의 사유로 지급기한 내에 대가를 지급할 수 없게 된 경우에는 당해 사유가 소멸된 날부터 3일 이내 에 대가를 지급하여야 합니다. 이때 기간을 산정하는 경우에는 공휴일 및 토요일을 제외합니다.

또한 기성부분 또는 기납부분에 대한 대가를 지급하는 경우에는 위에도 불구하고 계약수량, 이행의 전망, 이행기간 등을 참작하여 적어도 30일마 다 지급하여야 합니다.

여기서 잠깐! 대금지급청구를 하였으나 대가지급기한까지 대가를 지급하지 못하는 경우에는 지급기한의 다음날부터 지급하는 날까지의 일수에 당해 미지급금액 및 지연발생 시점의 금융기관 대출평균금리(한국은행 통계월보상의 대출평균금리)를 곱하여 산출한 금액을 이자로 지급받을 수 있습니다.

이런 상황에서 조달청에서는 조달기업의 경영에 도움을 주고자 대금청구 당일 신속하게 지급합니다. 빠른 지급일수 만큼 은행 대출이자 상당의 이자 보상 효과를 볼 수 있습니다. 대금 청구 후 4시간 이내에 대금 수령이 가능하니 좋은 제도라 할 수 있습니다.

④ Network-Loan 제도

중소 조달업체가 별도의 담보 없이 조달청 계약서만으로 계약금액의 80%까지 대출받아 계약이행에 필요한 소요자금으로 활용하도록 한 제도로 2006년에 도입하였습니다.

담보능력이 없어 생산자금 확보에 어려움을 겪고 있는 중소기업의 자금난 해소에 기여하고 있는 좋은 제도입니다.

초기에 기업, 우리, 하나은행과 총액계약을 대상으로 운영을 시작한 이래 2009년에는 기업은행 등 13개 은행, 단가계약까지 확대하고, 2010년 외환은행, 2013년 KDB산업은행과 협약을 체결하기에 이르렀습니다. 현재 협약은행은 IBK기업은행, 우리은행, KEB하나은행, 대구은행, 경남은행, 부산은행, 광주은행, 전북은행, 농협은행, KDB산업은행 등 10개 은행입니다.

대상은 조달청이 계약하고 조달청이 대지급하는 계약에 한하며, 최근 5년간 실적은 아래 표와 같습니다.

(단위 : 건. 억 원)

연 도	'14년	'15년	'16년	'17년	'18년
건 수	11,419	12,412	13,857	13,385	13,639
금 액	4,466	4,663	4,831	4,864	4,365

5 보증 · 대출 제도

조달청이 중소기업중앙회, 기술보증기금, 중소기업은행, 신한은행, 하나은행, 우리은행과 협약을 체결하고, 조달청과 조달업체 간 계약체결 건에 대한 각종 보증과 대출 시 우대하는 제도입니다.

조달청은 계약관련 정보제공과 선금지급 등을 하고, 기술보증기금은 별도의 담보 없이 조달계약서 만으로 각종 이행보증 및 지급보증을 하고 지급보증수수료를 인하하며, 기업은행, 신한은행, 하나은행은 해당 보증에 의한 대출 우대 등 금융지원 업무를 분담하게 됩니다. '18년에는 7월말 현재 184건 1,265억 원의 실적을 기록하였습니다.

해외조달시장 진출 지원

조달기업 입장에서 보면 UN조달시장 등 해외시장은 미개척의 신대륙이나 다름없습니다. 산업통상자원부의 발표에 따르면, 2015년 기준 UN조달시장 규모는 175억 7500만 달러에 이르고 있습니다. 우리 돈으로 약 20조 원 정도 되는 규모죠. 그런데 우리 기업이 공급한 규모는 1.1% 수준인 2억 달러도 안 될 정도로 미미한 수준에 머물고 있는 실정입니다. 우리가 내는 분담금 비율인 2%의 절반 수준 밖에 안 됩니다. 그래도 2011년 0.2% 수준이던 것이 4년 만에 5배 이상 증가한 것에 위안을 삼지만, 그 쪽 시장도 6.7배나 증가한 상황을 고려하면 아쉽기만 합니다.

① 해외조달시장 진출 유망기업 지정제도

'13년 7월에 우리 기업의 해외조달시장 진출을 지원하기 위해 조달사업법을 개정하여 법적근거를 마련하여 국제조달 협력 및 해외 조달시장 진출 지원에 대한 내용을 신설하였습니다.

'13년 말 '해외조달시장 진출기업(PQ기업) 지정 관리규정'을 제정하고,

'14년 초에는 PQ기업의 체계적 관리·지원을 위한 CHARM-SUPPORT 시스템 구축 방안을 수립하였습니다.

'15년 3월에는 '해외조달시장 진출기업 지정·관리 규정'을 개정하고, 신청자격 완화 등 지정기준 조정 및 해외조달시장 진출기업 영문 명칭을 PQ에서 G-PASS로 변경하였습니다. G-PASS는 Government Performance ASSured로 정부에서 기술과 성능을 인정한 기업입니다. 국내 조달시장에서 기술력, 품질 등이 검증된 G-PASS기업을 선정하여 해외진출을 중점 지원하는 제도입니다.

'15년 12월에는 해외조달시장 진출지원시스템을 개통하고, G-PASS기업에 대한 체계적 관리 및 온라인 마케팅 지원을 위한 종합 전산 시스템을 구축하였습니다.

'16년 1월에는 또 '해외조달시장 진출기업 지정·관리 규정'을 재개정하고, 지정 대상을 기존 중소기업에서 중견기업까지 확대하였으며, 지정기간을 기존 3년에서 5년으로 확대하였습니다.

G-PASS기업으로 지정되면 해외 정부조달전시회 참가, 수출 컨소시엄 파견, 바이어 초청 상담회·설명회, 해외 조달제도 및 현지 기업 정보 수집·제공 등의 지원을 받게 됩니다.

지정 및 수출실적은 다음 표와 같습니다.

구 분	'14년	'15년	'16년	'17년	'18년
지정업체(개)	200	266	341	487	538
수출실적(억불)	2.1	3.4	4.6	5.8	6.7

② 해외조달시장 진출 지원사업

조달청 홈페이지 내의 「해외조달 정보센터」를 통해 해외조달시장 입찰정보 및 시장 동향 등 해외조달과 관련한 종합적이고 다양한 정보를 제공하고 있습니다.

영국 런던과 중국 북경에 있는 조달청 해외구매관을 활용하여 외국 조달제도 연구·조사 및 입찰정보, 조달시장 및 관련정책 동향 정보 등을 제공합니다.

■ 해외 전시회 참가지원 및 바이어 상담회 개최

해외시장 판로개척 및 수출확대를 위해 해외 유망 및 전문품목 국제 전시회에 G-PASS기업의 한국관 참가를 지원합니다.

'17년에는 러시아 정부조달전시회 등 4개 전시회에 참가하여 76만 불 수출계약 체결 지원성과가 있었고, '18년에는 인도네시아, 싱가폴, 미국, 두바이, 중국의 전시회 참가를 지원하였습니다.

한편, 위와 같은 단체전시회 뿐만 아니라 개별전시회 참가에도 지원을 했는데 '17년에는 G-PASS기업 21개사에 참여경비를 지원하여 544만 불 수출계약을 체결하는 성과를 올렸고, '18년에는 G-PASS기업 20개사를 선정하여 업체당 600만원 한도 내에서 지원을 하였습니다.

한편, 국제조달 전문가 및 해외 바이어를 초청하여 국내기업의 해외조달시장 수출을 지원하는데 '17년에는 1,823만 불 수출계약을 체결하였고, '18년에는 1,157만 불 수출계약 체결과 글로벌 공공조달 상담회를 개최하는 성과를 올렸습니다.

■ 해외 해외조달시장 수출지원사업

수출 경쟁력을 보유한 우수 조달기업과 해외 현지 전문기업을 1:1로 매칭하여 현지기업의 영업망을 활용하여 현지 조달시장 진출을 돕고, 수출유망 조달기업을 모집·선정하여 미국 다수공급자계약GSA MAS 등록 및 UN·미연방 입찰제안서 작성을 대행하기도 합니다.

■ 해외조달시장 현황 및 입찰정보 제공

국내외 전문강사를 초청하여 해외조달시장 설명회 및 무역실무교육 등을 개최하여 해외조달시장 진출을 지원하고, 정부조달 진출 타겟국가 및 관련 정보를 국내 기업이 쉽게 접근하여 이용할 수 있도록 정보를 제공하며, 전 세계 정부조달 입찰정보ITC Procurement Map를 나라장터를 통해 연계 제공하고, 이를 분석하여 맞춤형 입찰정보를 제공합니다.

■ 해외조달시장 전문인력 양성

산·학·관 협력으로 해외조달시장에 특화된 전문인력을 육성하여 조달기업과 매칭을 통한 지원 및 일자리 창출에 기여하고 있습니다.

또한 조달기업이 대학의 '미국정부조달 전문가 양성' 프로젝트를 통해 배출된 인력을 인턴으로 채용하여 수출업무에 활용하는 등 기업의 채용 인재 풀 및 취업기회 확대에도 기여하고 있습니다.

11장

뿌린 대로 거둔다
잘못하면 이런 불이익도

부정당업자 입찰참가자격제한 제도

① 부정당업자의 입찰참가자격 제한

경쟁입찰에 있어 입찰자간에 서로 담합을 하였거나, 계약이행을 부당하
게 하였거나, 입찰 또는 계약과 관련하여 부정당 행위가 있는 경우에는
관련 법령에 따라 일정기간 국가기관, 지방자치단체 및 공공기관의 입찰
에 참여할 수 없도록 하는 제도입니다.

부정당업자 제재에 대한 것은 국가계약법 제27조, 같은 법 시행령 제
76조, 같은 법 시행규칙 제76조에 규정되어 있습니다.

제재기간은 1개월 이상 2년 이하인데, 경우에 따라서는 당초 제재기간
의 1/2범위 내에서 경감이 가능합니다. 단, 감경 후의 제한기간은 1월 이
상이어야 합니다. 또한 반복적 부정당 행위자에 대해서는 계약질서가 확
립될 수 있도록 제재를 가중하고 있습니다.

부정당업자 제재는 법인은 물론 법인의 대표자에 대해서도 제재를 가하
는 쌍벌주의이며, 법인양도 등의 경우 동질성이 인정될 경우 그 효력이
승계됩니다.

또한 부정당업자로 제재한 경우에는 나라장터에 통보하는 것이 의무로 되어 있어 각 기관에서 실시간 활용이 가능해졌고, 장기계속계약에서 계약이행 중 입찰참가자격을 제한받은 경우에는 해당 장기계속계약을 이행할 수 있도록 개정되었습니다.

한편, 종전에는 국가계약법상 제재기준이 불명확하여 동일한 위반행위에 대해서도 처분기관에 따라 제재기간이 다른 사례가 있었으나, 2006년 5월 국가계약법 시행규칙 개정으로 제재사유별 제재기준을 명확히 규정함으로써 위반행위의 내용에 따라 공정한 처분을 하게 되었습니다. 조달청의 경우 제재기간 개시일은 "계약심사협의회의 심사일로부터 7일 경과한 날"로 되어 있습니다.

연도별 부정당업자 제재 현황은 아래 표와 같습니다.

(단위 : 건수)

분야별	'14년	'15년	'16년	'17년	'18년
물품·외자	198	295	371	474	422
용역	34	31	49	51	38
시설공사	48	33	22	45	23
계	280	359	442	570	483

'18년의 경우 제재사유는 계약불이행이 가장 많고, 부실·조잡 및 부실 시공, 적격심사 포기, 담합입찰, 허위서류 제출이 뒤를 잇고 있습니다.

부정당업자가 되면 입찰참가자격을 제한받는 것뿐만 아니라 여러 가지 불이익이 뒤따릅니다.

부정당업자 제재기간 종료일이 입찰공고일로부터 최근 2년 이내인 것이 있을 경우에는 그 제재기간을 모두 합산하여 총제재기간에 따라 입찰보증금은 100분의 10 ~ 100분의 25, 계약보증금은 100분의 15 ~ 100분의 30, 하자보수보증금은 100분의 6 ~ 100분의 10을 납부하여야 합니다.

적격심사 시 신인도 평가에서 -2.0 ~ -0.5점의 감점이 있고, 또 수의계약 안내공고일 기준 최근 1년 이내에 부실시공, 담합행위, 입찰 및 계약서류 위조 또는 허위제출, 입·낙찰 또는 계약이행 관련 뇌물제공자로서 부정당업자 제재처분을 받은 자는 소액수의계약도 할 수 없습니다.

따라서 계약관리에 만전을 기해 부정당업자가 되지 않도록 해야 하겠습니다.

② 부정당업자 과징금 부과 제도

부정당업자에게 입찰참가자격을 제한하여야 하는 경우 국가계약법 제27조의2에 따라 입찰참가자격 제한에 갈음하여 과징금을 부과할 수 있는 제도가 있습니다.

부정당업자의 위반행위가 예견할 수 없음이 명백한 경제여건 변화에 기인하는 등 부정당업자의 책임이 경미한 경우로서 아래와 같은 경우가 해당됩니다.

- 천재지변이나 그 밖에 이에 준하는 부득이한 사유로 인한 경우
- 국내·국외 경제사정의 악화 등 급격한 경제 여건 변화로 인한 경우
- 발주자에 의하여 계약의 주요내용이 변경되거나 발주자로부터 받은 자료의 오류 등으로 인한 경우
- 공동계약자나 하수급인 등 관련 업체에도 위한행위와 관련한 공동의 책임이 있는 경우
- 입찰의 공정성과 계약이행의 적정성이 현저하게 훼손되지 아니한 경우로서 부정당업자의 책임이 경미하며 다시 위반행위를 할 위험성이 낮다고 인정되는 사유가 있는 경우

또 입찰참가자격을 제한하면 유효한 경쟁입찰이 명백히 성립되지 아니하는 경우로서 입찰자가 2인 미만이 될 것으로 예상되는 경우가 이에 해당됩니다.

한편, 과징금을 부과하려면 국가계약법 시행령 제76조의5에 따라 위원장 1명 포함 15인 이내로 구성되는 기획재정부 과징금부과심의위원회의 의결을 거쳐야 합니다.

불공정조달행위 조사

조달청은 조달시장에서 일어나는 위반행위를 조사하여 부당이득을 환수한 바 있는데, 조달시장의 엄정한 관리가 성실한 기업에게는 더 많은 납품기회를, 국가에는 잘못 지출된 세출을 바로잡는 효과가 있는 것으로 나타났습니다.

이런 효과와 기대를 바탕으로 조달사업법을 개정하여 '불공정조달행위 조사권'을 신설함으로써 공공조달시장의 위법·부당행위를 체계적으로 관리할 수 있는 법적권한을 확보하게 되었습니다.

한편, 공공조달시장의 질서를 바로잡고 빠르게 변화하는 조달행정 환경에 효과적으로 대응하기 위해 '조달관리국'을 신설하고, 공공조달시장에서 직접생산 위반, 허위서류 제출 등 불공정 조달행위를 근절하기 위해 '공정조달관리과'를, 조달가격을 조사·관리하고 부당이득을 환수하기 위해 '조달가격조사과'를 만들었습니다.

또 「불공정조달행위신고센터」를 두고 공공조달시장의 감시·조사 기능을 한층 강화하였습니다.

불공정조달행위 신고센터 이용 방법

조달청 홈페이지 "참여·민원" 코너 「불공정조달행위 신고센터」의 '불공정조달행위 신고서'
양식을 작성하여 우편, 팩스 등으로 신고
(안내전화 1644-0412)
　♧ 조달청 홈페이지 : www.pps.go.kr
　♧ 주소: (352-08) 대전광역시 서구 청사로 189(둔산동, 정부대전청사)
　　　　조달청 공정조달관리과
　♧ 팩스번호: 0505-480-1016

이제 조달청은 단순한 계약관리 수준의 업무영역을 넘어 공공조달시장
의 질서를 본격적으로 관리해 나감에 따라 우리나라 공공조달의 공정성과
투명성이 더욱 향상될 것으로 기대됩니다.

조달기업들이 자유롭고 공정하게 경쟁할 수 있는 시장환경이 조성될 것
입니다.

쇼핑몰 거래정지 제도

뉴욕 증권거래소는 블랙 먼데이 이래, 증권시장의 신뢰성 회복을 위하여 그 1주기가 되는 1988년 10월, 증권시세의 급격한 변동이 일어났을 경우, 거래를 일시적으로 정지하는 제도Circuit Breaker를 도입하여 운영하고 있습니다.

우리나라도 상장법인이나 상장유가증권이 일정한 요건에 해당되는 경우에 공익과 투자자보호 및 시장관리를 위하여 거래소가 유가증권의 매매를 정지하는 제도를 운영하고 있습니다.

예를 들다 보니 조금 엉뚱한 데로 빠졌습니다.

그렇습니다. 조달청에서 운영하는 나라장터 종합쇼핑몰도 일정 사유에 해당하면 거래를 정지하는 제도가 있는데 이것은 수요기관의 피해를 예방하고 거래질서를 바로 잡기 위한 것입니다.

이 제도는 "국가종합전자조달시스템 종합쇼핑몰 운영규정" 제9조제1항에 근거를 마련해 놓고 있습니다. MAS계약 특수조건 제22조의2에도 규정되어 있습니다. 종합쇼핑몰을 통한 상품거래 정지는 상품정보를 허위로 기재하거나 과장한 경우, 원산지를 허위로 표시한 경우, 구체적 증거자료의 제시 없이 다른 계약상대자나 계약담당공무원을 비방하거나 허위사실을 유포하여 계약업무를 방해한 경우 등이 해당됩니다.

또한 MAS계약과 관련하여 우대가격 유지의무·변동사항 통보의무·품질관리 통보의무를 위반한 경우 등 불공정 거래행위를 한 경우에도 거래정지를 당할 수 있습니다.

한편 품질·가격·안전성 등과 관련하여 사회적 물의를 일으켜 조달물자의 신뢰를 훼손시킨 경우, 계약상대자가 계약기간 중 부정당업자제재를 받은 경우에도 거래정지를 당할 수 있습니다.

결국 위와 같이 계약 사항을 위반할 경우에는 거래정지를 당할 수 있으므로 계약 내용을 잘 숙지하고 신의성실의 원칙에 기초한 계약 이행에 만전을 기해야 하겠습니다.

한편 물품구매계약 품질관리 특수조건에는 여러 가지의 경우에 대한 쇼핑몰 거래정지 근거를 마련해 두고 있습니다.

먼저 단가계약물품의 검사 불합격에 대한 처리 기준이 있는데요. 단가계약물품 중 조달청검사 및 전문기관검사 결과 불합격이 발생하면 불합격횟수와 결함의 정도에 따라 쇼핑몰 거래정지 기간을 달리하고 있습니다.

또한 품질점검 결과 규격미달일 경우에도 마찬가지입니다.

아울러 물품검사 또는 품질점검 시 시료훼손 등 부정행위에 대하여는 12개월 이내 쇼핑몰 거래정지 또는 배정중지를 당합니다.

그리고 유해물질검출로 인한 단가계약물품 검사불합격 또는 품질점검 결과 규격미달에 대한 처리기준이 있는데, 단가계약 물품의 1차 불합격(또는 규격미달) 사유가 규격서에서 정한 유해물질(포름알데히드, 중금속 등)의 검출과 관련되는 경우에는 긴급 사전거래정지를 실시하고, 중·치명결함 여부와 관계없이 초과방출비율에 따라 거래정지(또는 배정중지)를 차등 적용합니다.

규격서에서 유해물질의 불검출을 기준으로 정하는 경우에는 유해물질 검출로 인한 불합격(또는 규격미달) 시 긴급 사전거래정지를 실시하고, 중·치명결함 여부와 관계없이 3개월의 거래정지(또는 배정중지)를 당합니다.

보증금 국고귀속

① 입찰보증금

국가계약법 제9조 및 같은 법 시행령 제37조에서 입찰보증금에 대하여 언급하고 있습니다. 경쟁입찰에 참가하려는 자에게는 입찰보증금을 내도록 하고 있습니다. 입찰보증금은 입찰금액(단가에 대하여 실시하는 입찰인 경우에는 그 단가에 매회별 이행예정량 중 최대량을 곱한 금액)의 100분의 5 이상을 내야 합니다.

조달청은 업무의 편의와 효율성을 제고하고자 일부의 경우를 제외하고는 입찰보증금 납부를 지급각서로 대체하고 있습니다. 전자입찰 시에는 정해진 서식에 따라 입찰서를 송신하면 입찰보증금 지급확약서는 전자입찰서에 포함되어 제출되므로 별도로 제출하지는 않습니다. 낙찰자가 계약을 체결하지 아니할 경우를 대비한거죠. 일종의 계약체결을 보장받기 위한 담보의 성격을 가집니다.

만약 낙찰 통지를 받은 날로부터 10일 이내에 정당한 이유 없이 계약을 체결하지 아니하였을 때에는 해당 입찰보증금은 국고에 귀속당합니다.

무조건 입찰에 참여해서 낙찰자의 행운을 잡은 것까지는 좋습니다. 그런데 막상 계약을 체결하려고 알아보니 낙찰가격으로는 도저히 계약을 이행할 수 없게 된 사실을 알 때는 이미 늦습니다. 울며 겨자먹기 식으로 5%에 상당하는 입찰보증금을 가만히 앉아서 고스란히 떼이게 된 것입니다.

2인 이상을 수급인으로 하는 공동계약에 있어서는 그중 1인의 책임으로 계약을 체결하지 못했을지라도 수급인 모두의 입찰보증금은 국고에 귀속당합니다. 다만, 이 경우에 부정당업자제재는 당해 제재 사유를 직접 야기시킨 자에 대하여만 합니다.

한편 낙찰자가 자격미달 등으로 원인이 무효가 되었을 경우에는 당해 낙찰도 무효가 되므로 입찰보증금을 국고에 귀속당하지 않습니다.

또 희망수량경쟁입찰에 있어서 최후순위의 낙찰자가 그 의무를 이행하지 아니하여 입찰보증금을 국고에 귀속하는 경우에는 당해 낙찰자의 낙찰수량에 대하여 그 낙찰수량에 비례한 입찰보증금만을 국고에 귀속당합니다.

② 계약보증금

국가와 계약을 체결하려는 자는 계약보증금을 내야 합니다. 계약보증금은 계약의 이행을 확보하기 위한 담보로서 계약불이행의 경우에 입을 손해의 배상을 쉽게 하려는 목적으로 일정한 금액을 징수하는 손해배상예정액의 성격을 갖습니다.

계약상대자가 계약상의 의무를 이행하지 아니하거나 장기계속계약에 있어 2차 이후의 계약을 체결하지 아니하였을 때에는 해당 계약보증금을 국고에 귀속 당하게 됩니다.

계약보증금을 국고에 귀속하는 경우 그 계약보증금은 기성 또는 기납부분에 대한 미지급액과 상계처리하여서는 아니 됩니다. 다만, 계약보증금의 전부 또는 일부를 면제한 경우에는 기성부분에 대한 미지급액과 상계 처리할 수 있습니다.

계약보증금을 국고에 귀속당하는 경우에는 계약에 특별히 정한 것이 없는 한 당해 계약을 해제 또는 해지하고 부정당업자 제재를 받아 일정기간 입찰참가자격을 제한받게 됩니다.

계약보증금의 국고 귀속 사유가 발생한 이후에는 계약금액이 감액되었다는 등의 이유로 계약보증금을 감액할 수 없습니다.

1건 계약서로 여러 품목을 연간 단가계약 체결한 후 그 중 1개 품목이라도 부분 계약해지하는 경우에는 계약상 별도의 특약이 없는 한 납부한 계약보증금 전부를 국고에 귀속당합니다.

③ 하자보수보증금

하자보수보증금이란 계약이 완료된 후에 일정기간 하자가 발생할 것에 대비하여 이에 대한 담보로서 예치하는 금액을 말합니다.

현장설치를 해야 하는 등 물품 또는 용역의 특성상 일정기간 하자보수보증이 필요하다고 인정되는 품목에 대하여는 계약서에 하자담보책임기간을 정하고 하자보수보증금을 예치하도록 명시함으로써 계약상대자의 하자보증 의무를 확보하고 있습니다.

물품은 계약목적물의 특성상 하자보수보증 책임을 일률적으로 의무화하기 어렵고, 설령 하자보수보증이 필요하다고 간주되는 경우라 하더라도 용도와 성질이 다양한 수많은 종류의 물품에 대해 각각 하자담보 책임기간을 설정하기 어렵습니다.

그래서 조달청에서는 의료장비, 엘리베이터, 에스컬레이터, 주차설비, 전동차 등과 같이 인명과 관련되는 물품 및 수처리장비, 보일러, 소각로, 선박, 역무자동화설비, 변전설비 등과 같은 시스템장비 등을 구매하는 경우에는 물품규격서나 시방서 등을 검토하여 일정기간 하자보수보증의 필요성이 있다고 인정되거나 수요기관에서 하자보수보증 조건을 요구한 경우에는 입찰공고 시 계약특수조건에 하자보수보증 조건임을 명시하여 운영하고 있습니다.

한편, 하자담보 책임기간이 경과되고 보증의 목적이 달성된 때는 계약상대자의 청구에 따라 하자보수보증금을 반환받게 됩니다.

지체상금 부과

지체상금에 대해서는 제2장 "약방의 감초 - 자주 쓰는 조달용어(지체상금)"에서 자세히 살펴본 바 있습니다.

개인 간의 거래에서도 약속을 지키지 않으면 페널티를 주는 경우가 있죠. 국가계약법 제26조에 의하면 정당한 이유 없이 계약의 이행을 지체한 계약상대자는 지체상금을 내야 합니다.

국가계약법 시행령 제74조는 계약상대자가 계약상의 의무를 지체한 때에는 지체상금으로서 계약금액에 지체상금률(물품의 제조·구매 : 1000분의 0.75)과 지체일수를 곱한 금액을 현금으로 납부하게 하고 있으니 잘 알아 두시기 바랍니다.

불가피하게 납품이 늦어지더라도 계약금액과 지체상금률이 정해진 상태에서 지체일수를 적게 해야 지체상금이 적어지겠죠. 간단한 예를 들어 보겠습니다.

납품기한 내에 물품을 납품한 때에는 검사에 소요되는 기간은 지체일수에 포함하지 않습니다. 다만, 납품기한 이후에 시정조치를 한 때에는 시정조치를 한 날부터 최종 검사에 합격한 날까지의 기간을 지체일수에 산입

합니다.

납품기한을 경과하여 물품과 제출서류를 제출한 때에는 납품기한 익일부터 검사에 합격한 날까지의 기간을 지체일수에 산입합니다. 납품기한이 공휴일인 경우 납품기한은 자동으로 공휴일의 다음날이 되므로 지체일수는 공휴일의 익일 다음날부터 기산합니다.

조달청이 정해 운영하고 있는 "물품구매(제조)계약 특수조건"의 내용을 참고하면 도움이 될 것입니다.

한편, 계약해제 또는 해지 시 지체상금을 부과해야 되느냐의 문제가 있습니다. 계약기간 내에 계약이행을 완료하지 못하여 지체되는 도중에 계약을 해제 또는 해지하였다면 계약보증금을 국고에 귀속시키겠지만, 이 경우 계약은 이행이 완료되지 못하였기 때문에 지체상금을 부과할 수는 없습니다.

또한 분할납품이 허용되지 않는 한 납품기한 내에 당해 계약목적물 전체에 대한 납품이 완료된 때에 검사 및 검수가 가능하다고 봅니다. 참고로 지체상금의 성격에 대한 판례의 일반적인 입장은 당해 지체에 대한 위약벌이 아닌 손해배상액의 예정으로 보고 있습니다.

어찌됐든 계약서에서 정한 납품기한 내에 물품을 납품하여야 지체상금을 물지 않습니다.

환수 및 대체납품

　다수공급자계약 특수조건 제13조에서는 계약금액의 감액 또는 환수에 대하여 규정하고 있습니다. 계약체결 후에도 계약상대자가 제출한 가격자료가 위조, 변조 또는 허위서류 기타 부정한 방법으로 제출한 것으로 확인되어 고가로 구매한 것으로 판명될 때에는 고가로 계약된 금액 상당액을 계약금액에서 감액 또는 환수당할 수 있습니다.

　또 제25조의2에서는 계약상대자가 계약과정에서 계약관련 서류의 허위, 위조, 변조 또는 기타 부정한 행위로 부당이득이 발생할 경우, 그 부당이득금을 환수당할 수 있습니다.

　물품구매계약 품질관리 특수조건 제17조에 품질점검 결과 조치에 대하여 언급하고 있는데, 품질점검 결과 규격미달이 발생하면 그 정도와 횟수에 따라 거래정지 또는 배정중지 됨은 물론 특히 규격미달이 납품 이후 발생한 경우에는 계약규격에 적합한 물품으로 즉시 대체납품하거나 환급하여야 합니다. 또한 제18조에서는 납품한 물품의 규격과 품질이 계약내용과 상이함을 발견한 때에는 해당 물품의 대체납품 또는 물품대금을 반환하여야 합니다. 한편 제22조에서는 리콜대상으로 결정되면 리콜결정일로부터 2주일 이내에 수요기관에 이미 납품된 해당 불량품을 수거한 후 보완 또는 대체 납품하거나 물품대금을 반환하여야 합니다.

기타

다수공급자계약 특수조건 제23조에는 차기계약 배제 등에 관해 언급하고 있습니다.

세부품명기준으로 계약종료일 기준 최근 3년간 다수공급자계약에 의한 종결기준 납품실적이 없는 경우(다만, 세부품명기준으로 최근 3년간 종전 계약을 포함한 총 다수공급자계약 기간이 1년 6개월 미만인 계약상대자의 경우에는 예외), 최근 1년간 거래정지를 2회 이상 받았거나 최근 2년간 거래정지를 4회 이상 받은 경우, 최근 2년간 누적 거래정지기간이 6개월을 초과한 경우, 직전 계약이행실적평가에서 2회 이상 연속 총점기준으로 '미흡' 등급을 받은 경우에는 종전 계약종료 후 1년간 계약연장, 재계약 또는 차기계약을 체결할 수 없습니다.

마찬가지로, 우대가격 유지의무를 위반하였음에도 불구하고 조달청의 가격인하요구에 정당한 사유 없이 계약종료 시까지 응하지 아니한 경우, 품질관리 통보의무를 위반하였음에도 불구하고 조달청의 품질검사요구에 정당한 사유 없이 계약종료 시까지 응하지 아니한 경우, 가격 및 실태조사 의무를 위반한 경우 등에도 종전 계약종료 후 1년간 계약연장, 재계약 또는 차기계약을 체결할 수 없습니다.

epilogue

Yes, we did.

여러분의 눈높이에 맞춰 설명하려고 애썼습니다.
그리고 제가 아는 수준으로 설명했고요.
이 두 가지 시각에서 조화로운 글을 구성하려고 했습니다.

지름길은 없습니다.
그러나 실크로드가 되기를 바라는 마음으로 썼습니다.
더디지만 처음부터 차근차근 해 나가는 수밖에 없습니다.

판단은 이제 여러분의 몫입니다.

집을 떠나 주말부부로 지냈던 2년 3개월이라는 시간이 이 책을
탄생하게 만들었습니다. 월, 화, 수, 목 이 4일간의 저녁시간을
오롯이 집중할 수 있어서 좋았습니다.

오랫동안의 작업임에도 잘못된 부분이 있을 수 있습니다.
법령과 규정들이 자주 바뀌는 관계로 개정 부분을 찾아 최근의
것으로 업데이트 한다고 했으나 놓친 부분도 있을 것이기 때문입
니다. 그래서 될 수 있는 대로 관련 근거를 제시하였으니 업무를
할 때는 꼭 현행 규정을 찾아보시기 바랍니다.

또 한 가지 아쉬운 부분은 독자 여러분의 관점으로 쓴다고 노력
했으나 관점 전환의 어려움으로 인해 불현듯 조달청 관점으로 쓰
는 우를 범한 곳이 있을 듯합니다.
독자 여러분이라면 충분히 이해해 주실 것이라 믿습니다.

사실 이 책을 쓰면서 욕심을 좀 낸 것이 있습니다.
우리 조달기업이 받을 수 있는 불이익을 사전에 예방하는 지혜를
키워 나갔으면 좋겠습니다.
각종 불이익은 비단 조달업체만 힘들게 하는 것이 아니고, 조달
청이나 수요기관 담당자들도 힘들게 합니다.
법령과 규정을 준수하는 것이 불이익을 예방하는 것이고, 이것은
결국 공정한 조달시장 조성에 기여하는 것입니다.

이제 저는 정든 조달청을 떠납니다.
모든 분들의 건강과 행복을 기원합니다.

로마는 하루아침에 이루어지지 않았습니다.

戊戌年 겨울 토지금고 숙소에서

| 저자소개 |

- **김유일**

1960 전남 곡성 출생
1982 철도전문대학 졸업
1982 철도청 근무 시작
1989 한국방송통신대학교 경영학과 졸업
1991 철도청에서 조달청으로 옮김
2002 충남대학교에서 경영학석사(MBA) 학위 취득
2015 배재대학교에서 컨설팅학박사 학위 취득
     [논문] 공공구매에서 브랜드자산 결정요인에 관한 연구
2019 조달청 명예퇴직
2019 조달컨설팅그룹 유원을 설립하고 인생2막 시작

- **저서**

「마케팅이 곧 혁신이다」 (뿌리출판사)
「컨설팅의 이해」 (청목출판사, 공저)

- **표창**

총리 표창 (2006. 12. 31. 국무총리, 모범공무원)
부총리 표창 (2013. 12. 31. 기획재정부장관)
장관 표창 (2014. 12. 29. 행정자치부장관)
청장 표창 (2001. 12. 31. 조달청장)

- **자격증**

경영지도사 (2009. 10. 15. 중소기업청장)
공인중개사 (2014. 12. 03. 대전광역시장)
행 정 사 (2013. 12. 26. 안전행정부장관)
국제무역사 (2011. 11. 29. 한국무역협회회장)

    저자는 오랜 기간 조달청에서 근무하면서 내자 및 외자 물품의 구매제도와 계약업무를 주로 다루어왔고, 시설공사 분야는 계약방법 검토에서부터 원가계산 및 공사현장 감독까지 두루 경험하였습니다.
    조달업체들이 조달업무를 하는데 있어 어려움을 조금이라도 덜어주고 싶어 그동안의 경험과 노하우를 바탕으로 이 책을 쓰게 되었습니다.
    이제는 최고의 조달기업이 되는데 일조하고자 조달컨설팅그룹 유원을 설립하고 모든 조달기업의 동반자로 기억되기를 꿈꿉니다.

onlykim1st@naver.com

조달학 개론

2019년 7월 25일 초판 1쇄 인쇄
2019년 7월 30일 초판 1쇄 발행

저 자 김유일
발행처 도서출판 범한
발행인 이 낙 용

10579 경기도 고양시 덕양구 통일로374 우남상가102호
등 록 1995. 10. 12. 제2-2056호
전 화 (02) 2278-6195   팩 스 (02) 2268-9167
E-mail bumhanp@hanmail.net
홈페이지 www.bumhanp.com

ⓒ 김유일 2019, Printed in Korea
ISBN 979-11-5596-164-3 03320   정가 18,000원